노코드, 자동화에 날개를 다는
MS 파워 오토메이트 클라우드

노코드, 자동화에 날개를 다는 —————
MS 파워 오토메이트 클라우드

초판 1쇄 2023년 5월 29일

지은이 김성준, 김태완, 채진주, 강승원
발행인 최홍석

발행처 (주)프리렉
출판신고 2000년 3월 7일 제 13-634호
주소 경기도 부천시 길주로 77번길 19 세진프라자 201호
전화 032-326-7282(代) **팩스** 032-326-5866
URL www.freelec.co.kr

편 집 고대광
디자인 황인옥

ISBN 978-89-6540-362-3

💬 일러두기

- 도서 내 캡처 이미지는 모두 2023년 04월을 기준으로 갈무리된 것입니다. 워낙 변화가 많고 업데이트가 잦은
  MS 프로그램이므로, 독자 여러분이 도서에서 보는 캡처 이미지 속 화면과 모니터 속 실제 화면 구성이 다를 수 있습니다.
  큰 틀에서 작동 방식이나 메뉴 선택 등은 같으므로, 이 점 참고하여 학습하길 바랍니다.

노코드, 자동화에 날개를 다는
MS 파워 오토메이트 클라우드 ——————

김성준, 김태완
채진주, 강승원
지음

시작하세요!
기업의 미래를 준비하는
업무 프로세스
자동화

프리렉

차례

"구슬이 서 말이라도 꿰어야 보배"라는 속담처럼 마이크로소프트의 파워 플랫폼은 눈이 부시게 반짝이는 옥구슬과 같습니다. 이 귀한 구슬들을 우리의 업무에 꿰어 반복적인 수작업에 고생하는 동료들에게 풍요로운 삶의 여유를 선물하고 싶습니다.

국내 RPA 시장은 금융 부분을 시작으로 제조업을 필두로 한 산업 분야의 대기업에서 도입이 확대되었으며 RPAI(RPA와 AI의 결합) 시대의 도래로 SMB(small and medium-sized Business)에서의 도입 확산, 그리고 중앙 정부 지원 등의 추세를 따라왔습니다.

2022년 정부혁신 종합 추진계획에서는 뉴노멀 시대에 맞는 일하는 방식 정착 부문에서 RPA가 소개되었으며 국립국어원에서는 "업무 처리 자동화"라는 순화어로 바꾸어 쓰자는 움직임(2022.6.8)이 있었습니다. 이에 따라 RPA는 "업무 처리 자동화"라는 용어로 우리 일상 생활에 점점 더 가까워지게 되었습니다. 특히, 파워 오토메이트 클라우드는 개인 업무 자동화(RPA)를 넘어 기업 프로세스를 자동화하는 DPA(디지털 프로세스 자동화) 기술로 발전되었습니다. 최근에는 챗GPT와 같은 생성형 인공지능과 어떻게 협업할지 세간에 많은 관심을 받고 있으며, 이 책에서는 이러한 챗GPT를 API로 활용할 수 있는 최신의 동향을 담고 있습니다.

디지털화가 가능한 업무의 경계가 사라지고 있습니다. 앞으로는 업무의 본질에 집중하고 새로운 시각으로 업무를 분석해야 합니다. 청동기와 철기 시대에 사용하던 도구의 견고함을 비교할 수 없듯이 인터넷으로 연결된 디지털 시대에서는 이전과는 다른 융합과 업무 자동화가 이루어질 것이며, 파워 플랫폼과 챗GPT와 같은 기술이 디지털 전환의 속도를 더욱 가속화할 것입니다. 비즈니스 분석가의 역량이 중요해지며 PI(프로세스 혁신) 컨설턴트의 수요가 증가할 것입니다. PI는 과거 1993년도에 IT 기술이 발전된 IT 기업 경영에 활용하고자 하는 노력 속에서 생겨났습니다. 30년이 지난 지금에도 새로운 기술들을 융합할 수 있는 새로운 프레임워크를 정립하고 툴킷을 제공하는 것이 필요합니다. 중복 투자되지 않도록 산학 선도의 "Next PI" 연구 및 개발과 SMB에서도 손쉽게 접근할 수 있는 정보 제공이 필요합니다.

우리의 일상적인 업무 환경에는 이미 마이크로소프트와 같은 빅테크 기업이 제공하는 인공지능 비즈니스 플랫폼이 준비되어 있습니다. 이를 활용하여 우리 자신의 업무를 상상하고 혁신하는 시민 비즈니스 분석가로 성장하여 변화의 파도를 즐기는 서퍼가 되어 대응해야겠습니다.

이번 출판에 함께 참여한 노코드 연구회 멤버들과 프리렉에 감사 인사를 드립니다. 노코드 연구회 연구원님들과 협업하면서 밤을 헤며 조력하는 내내 행복했습니다. 그 결과 이 도서가 출간되어 소개할 수 있어 매우 기쁩니다. 공저로 참여한 저는 DT/AI 전문 업체에서 RPA와 관련된 업무를 했습니다. 디지털 전환 프로젝트를 수행하는 기업의 셰르파로서, 프리세일즈/개발/컨설팅/프로젝트 관리자 역할을 했습니다. 퇴근 후에는 RPA를 적용한 업무를 상상하며 커뮤니티를 통해 이를 공유하고 온라인과 오프라인으로 스터디와 세미나를 운영하며 1만 명과 인연을 맺었습니다. 콘퍼런스와 커뮤니티에서 RPA에 대한 정보를 찾는 분들, 기업의 업무 담당자분들, RPA로 사업 기회와 직업을 찾는 분 등 다양한 사람들과 만나며, "업무 처리 자동화"를 통해 참 보람 있고 행복한 날들을 보냈습니다. 과중한 반복 업무로 어려움을 토로하시고는 자동화 시현을 보고 고맙다고 해 주셨던 담당자님, RPA로 새로운 직업을 얻고 안정감을 얻었다는 업계 동료가 나누어 준 마음이 기억에 오래 남습니다. 이러한 일을 하며 얻은 행복함과 성취감을 책에 담아 나누고자 합니다.

2023년 5월 6일 마지막 원고를 마감하며

POWER
AUTOMATE
CLOUD

디지털 시대가 도래함에 따라 기업들은 '노코드'와 '자동화'에 열광하고 있다. MS는 파워 플랫폼이라는 자사 제품을 통해 소비자들에게 클라우드 기반의 개발 플랫폼을 제공한다. 파워 플랫폼은 5가지 제품군이 유기적으로 연결되어 있다. 업무 자동화를 구현하는 Power Automate(파워 오토메이트), 인공지능 기반의 대화형 챗봇을 빌드하는 Power Virtual Agent(파워 버추얼 에이전트), 분석 리포트를 자동으로 생성하는 Power BI(파워 비아이), 개방형 웹사이트를 생성하는 Power Pages(파워 페이지) 그리고 모바일 앱을 노코드로 만드는 Power Apps(파워 앱스)이다. 1장에서는 파워 플랫폼과 파워 오토메이트를 소개하고, 코드 한 줄 없이 업무 자동화를 구현하는 방법을 알아본다.

1 장

파워 오토메이트
클라우드와 만나기

파워 플랫폼이란
무엇인가?

제4차 산업혁명과 함께 기업마다 **디지털 전환(Digital Transformation)**이 열풍이다. 이런 기류와 함께 노코드(No-code) 솔루션도 활황을 맞이하고 있다. 디지털 전환은 한마디로 세상의 모든 데이터를 인터넷에 연결해 전산화한다는 것이다. IoT(사물 인터넷) 기술을 이용해서 자동으로 데이터를 수집할 수 있다. 현장(고객)의 경험과 IT를 융합함으로써 새로운 가치를 창출하고 효율성을 증가시킨다. 네트워크로 연결된 실세상을 디지털화하여 가상화로 구현하고, 증강현실과 같은 기술을 이용해 디지털 세상을 다시 현실에 반영하는 선순환이 반복된다.

기업 내에서는 다양한 국가의 직원들과 화상회의를 하는 온라인 업무 환경이 일반화되었고, 협업과 자동화 프로세스가 더할 나위 없이 중요해졌다. 언제 어디서나 업무 처리가 가능한 클라우드 환경의 디지털 오피스가 트렌드가 되고 있다. 마이크로소프트는 모든 사람이 클라우드 환경에서 일하고, 고효율의 업무 자동화를 위해 스스로 프로그램을 개발할 수 있는 세상을 꿈꾼다. 이러한 큰 비전을 이루고자 설계한 것이 바로 Microsoft 365의 기본 틀인 **파워 플랫폼(Power Platform)**이다.

기업은 빠르게 진화하는 기술 트렌드에 발맞추어 매년 새로운 IT 전략을 발표한다. 치밀하게 시장을 조사하고 예측해서 디지털 트랜스포메이션을 위한 계획을 수립한다. 여기에는 클라우드, AI, RPA가 주요 키워드로 등장한다. 대부분의 디지털 기술은 이미 파워 플랫폼에서 제공하고 있다. 즉, 파워 플랫폼과 Microsoft 365는 기업에서 활용되는 End to End 프로세스에 최적화된 IT 솔루션들을 제공한다.

회사에 출근하고 컴퓨터를 켜면 만나게 되는 윈도우 운영체제를 시작으로, 밤새 나를 찾는 메일은 아웃룩으로 확인한다. 판매 현황을 파악하기 위해서 ERP(MS Dynamic365, SAP 등)를 실행하고 엑셀 파일로 내려 받는다. 고객별 판매현황을 개별 엑셀 파일로 분리하여 담당 팀원에게 메일로 전송한다. 미팅을 등록하기 위해서 MS Forms 또는 파워 앱스로 개발한 모바일 앱에서 회의실 예약을 요청한다. 재택근무 시에는 MS Teams 온라인 미팅에 참여하고, 신규 제품 발매 프로젝트에서 관리하는 팀 사이트(플래너)에서 담당자별로 할당된 작업 상황을 업데이트한다. 동료와 협업해야 하는 중요 문서는 셰어포인트에 등록해서 공동 편집자 권한으로 공유한다. 메일로 보내기 어려운 대용량 파일은 개인 원드라이브를 이용해 전달한다. 회사의 모든 일들이 MS 클라우드 환경에서 이루어지고 있다. 파워 플랫폼의 혁신적인 기술은 기업 제반 업무에서 파생되는 반복 수작업의 수고를 덜어주고 있다. 파워 오토메이트를 이용해서 업무 자동화로 구현하고, 엑셀로 집계하던 데이터를 파워 앱스는 손쉽게 모바일 앱으로 만들어 준다.

> 파워 오토메이트 데스크톱 교육을 진행하면, CIO 또는 본부장께서 교육에 참여하는 경우를 종종 접한다. 직원의 교육 참여도와 몰입도를 높이기 위한 것이 주목적이겠지만, 본인도 RPA 기능에 대한 호기심(의심)을 해소하고 싶어 하는 의도를 숨길 수가 없다. 교육 중간중간 업무 전화로 자리를 비우지만, 눈빛에서는 어느 교육생보다도 높은 관심이 느껴진다.
> Microsoft 365를 도입하지 않은 회사의 임원은 PAD의 쉽고 간결한 자동화 기능에 만족했는지, 파워 오토메이트 클라우드 환경에 대해서 문의한다. 업체에서 메일이 오면 승인과 같은 후속 업무들이 자동으로 실행되는 과정을 설명한다. 그리고, 클라우드 환경의 엑셀 파일을 업로드해서 모바일 앱을 만드는 과정을 시현해 보이면 여러 가지 감정이 교차된 표정이 비쳐진다. 파워 플랫폼 환경에서는 모든 업무 시스템이 살아 있는 유기체처럼 서로 연결되어 있어서 쉽게 자동화할 수 있다. 독립적인 시스템을 연결해야 하는 복잡한 과정을 고민할 필요가 없다. "파워 플랫폼이 곧 디지털 트랜스포메이션이다" 이라는 문장 하나가 많은 것을 설명해 준다.

Microsoft 365 환경에서는 전통적인 개발 방식인 스크립트를 더는 사용할 필요가 없다. 노코드에 기반을 둔 파워 플랫폼에서는 누구나 쉽게 모바일 앱을 개발하고 업무 자동화를 구현할 수 있다. 시민 개발자와 전문 개발자가 퓨전팀을 구성하여 서로의 코드를 공유하고 협업할 수 있도록 지원한다. 파워 플랫폼은 인공지능까지 접목해서 사람의 판단이 필요한 영역까지 기술이 진보하고 있다. 커넥터(Connector)와 API 기술을 통해서 다양한 앱과도 통합할 수 있도록 설계했다. 그 확장성이 무한하기에 하나 하나 설명하기가 불가능할 정도이다. 디지털 기술의 혁신적인 진화를 보여주는 마이크로소프트 파워 플랫폼은 다음 5개 솔루션으로 구성되어 있다.

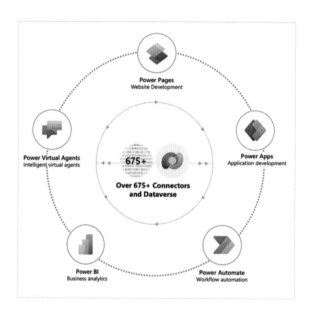

- 파워 오토메이트(Power Automate): 노코드로 업무 자동화 구현

- 파워 앱스(Power Apps): 노코드로 업무용 앱 개발과 AI 연계

- 파워 페이지(Power Pages): 노코드로 개방형 웹사이트 개발

- 파워 버추얼 에이전트(Power Virtual Agents (Chatbot)): AI에 기반을 둔 챗봇 개발

- 파워 비아이(Power BI): 기업용 분석 리포트 자동 개발

파워 오토메이트란?

RPA는 Robotic Process Automation의 약자로, 로봇이 사람을 대신해서 반복 작업을 자동으로 수행한다. RPA 도구인 Microsoft사의 파워 오토메이트(Power Automate)를 이용하면 소스 코드를 작성하지 않아도 업무 자동화를 쉽게 구현할 수 있다. RPA는 24시간 수행되므로 생산성을 획기적으로 향상할 수 있으며 정해진 절차대로 업무를 실행하고 흐름을 공유하므로 표준화를 구현할 수 있다. 그리고 잘못된 데이터를 입력하는 등의 사용자 실수(Human Error)를 완벽하게 제거할 수 있다.

4차 산업혁명의 주요 기술 트렌드인 RPA와 함께 이른바 '시민 개발(Citizen Deve-lopment)'이라는 개념이 등장했다. 누구나 쉽게 프로그램을 개발할 수 있는 노코드 솔루션들이 지속적으로 출시되고 있다. 시민 개발이란 단위 모듈을 연결해서 애플리케이션을 개발할 수 있도록 지원하는 방법론 또는 개발 도구를 의미한다. **재사용 모듈은 노코드(No Code) 또는 로코드(Low Code)라고** 정의하기도 한다. 노코드는 복잡한 소스 코드를 아주 간단한 명령어로 모듈화 한 것을 의미한다. 노코드로 프로그램을 개발하는 개발자를 시민 개발자(Citizen Developer)라고 하며 이들은 IT와는 다른 분야의 경험과 기업에 특화된 도메인 지식을 지니기 때문에 더 실용적인 프로그램을 만들 수 있는 기반이 된다.

전통적인 개발 환경	시민 개발자 환경	퓨전 개발 환경

전통적인 개발 환경에서는 프로젝트 관리자와 IT 개발자가 프로그램 기능과 일정 등의 전반적인 사항을 결정하고 주도한다. 모든 팀원은 정해진 단계와 절차를 준수하면서 프로젝트를 진행한다. 노코드 프로그램과 시민 개발자의 등장으로 IT 담당자와 일반 사용자의 업무 경계가 일부 허물어지고 있다. 노코드에 기반을 둔 파워 플랫폼에서는 누구나 쉽게 모바일 앱을 개발하고 업무 자동화를 구현할 수 있다. 먼저 시작하는 사람이 해당 분야의 전문가가 되는 현상들이 발생하고 있다. 일반 사무직원이 파워 오토메이트와 파워 앱스를 스스로 학습하여 부서 업무를 자동화하고 모바일 앱을 직접 개발한다. 모바일 디바이스(스마트폰, 태블릿 등)에서 카메라를 이용해 QR코드를 읽으면 제품 정보를 메일로 전송하거나 승인 요청을 자동으로 보내는 등의 다양한 앱들이 사용되고 있다. 또한, 공장에서는 지게차 기사를 전화로 호출하는 비효율적인 방식을 대체하기 위해, 파워 앱스를 활용한 실시간 지게차 호출 앱을 뚝딱 만들어서 활용하고 있다. 현업에서는 웹(클라우드)을 통해 각자 업무에 필요한 자동화를 직접 생성하고 있어 IT 담당자조차 업무 자동화와 자동화 앱이 얼마나 활용되고 있는지 파악하는 것조차 힘들어졌다. IT 팀에서 개발해야 할 앱들을 일반 사용자가 직접 개발하고 부서 내에서 공유하는 것을 보며 놀라움과 위기감을 느낄 수밖에 없었다.

 이러한 노코드는 프로그램을 개발하는 시간을 절감하고 IT 개발자의 지원이 필수가 아니므로 개발비를 줄인다. 그리고 소스코드를 기술하는 프로그래밍 방식에 비해서 모듈 조립식 개발은 사람의 개입이 적기 때문에 오류가 줄어드는 효과도 있다. 또한 본인 업무는 당사자가 제일 잘 알고 있기 때문에 스스로 업무 자동화를 구현하는 것이 능률이 높을 수밖에 없다. IT 부서 담당자는 기술적 난이도가 높은 업무 자동화에 집중하고, 시민 개발자를 교육하고 육성하는데 힘을 쏟아야 한다. 새로운 디지털 기술에 대한 열린 마음과 다양한 가능성에 적극적인 태도를 보이는 것이 중요하다. 나아가서 IT팀과 현업이 퓨전팀(협업)을 구성해서, 서로 부족한 부분은 보완하고 강점은 부각하면서 조화롭게 일하는 업무환경을 조성하는 것이 필요하다. 앞서도 설명했듯이, 파워 플랫폼은 시민 개발자와 전문 개발자가 퓨전팀을 구성하여 서로의 코드를 공유하고 협업할 수 있도록 지원한다.

파워 오토메이트는 시민 개발이 지향하는 가장 이상적인 개발 도구의 하나이다. 일반 사용자가 소스 코드 한 줄 없이 업무 자동화 애플리케이션을 스스로 만들 수 있는 개발 환경을 제공한다.

마치 레고 블록을 이용해서 집을 짓고 자동차를 조립하듯이 모듈(작업)을 서로 연결해서 자동화 프로그램을 만들도록 직관적으로 설계되어 있다.

파워 오토메이트 클라우드와 데스크톱

파워 플랫폼의 구성 요소인 파워 오토메이트를 마이크로소프트의 RPA라고 한다. 여기에는 다음 2가지 버전이 있다.

- ▶ **파워 오토메이트 클라우드: Microsoft 365 웹 사이트 접속, 소프트웨어 설치 불필요**
- 💻 **파워 오토메이트 데스크톱: 개인 데스크톱에 설치하는 소프트웨어 프로그램**

> 파워 오토메이트 데스크톱을 파워 오토메이트 앱이라고도 하며, 윈도우10 이상이 설치된 모든 PC에서 무료로 사용할 수 있다. 이 책은 파워 오토메이트 클라우드 자동화를 소개하고 있다. 파워 오토메이트 데스크톱은 저자진이 출간한 '코드 한 줄 없이 시작하는 Microsoft RPA 파워 오토메이트'서적을 참고하자.

파워 오토메이트 클라우드는 웹사이트(https://make.powerautomate.com/)에서 자동화 흐름을 구현한다. 클라우드 환경이기 때문에 **ID와 패스워드만 입력하면 언제 어디서나 접속**할 수 있다. 반면에 파워 오토메이트 데스크톱(PAD, Power Automate Desktop)은 개인 PC에 소프트웨어를 설치해야 한다. 파워 오토메이트 클라우드는 사용자가 흐름을 직접 실행할 필요가 없는 업무 프로세스 자동화에 더 효율적이다. 기업 제반 업무를 디지털 기술을 이용해서 자동화한다는 의미로 DPA(Digital Process Automaton)라고 한다.

반면에, PAD는 개인 컴퓨터에서 사용자가 조작해야 하는 응용 프로그램이나 웹사이트의 자동화에 최적화되어 있다. 특히 PAD는 Python, JavaScript, Vbscript와 같은 소스 코드 기반의 프로그래밍을 모듈로 추가할 수 있다. 또한 API 기능도 지원되기 때문에 타 시스템과의 연결도 가능하다.

파워 오토메이트 데스크톱(RPA)	파워 오토메이트 클라우드(DPA)
UI 기반 녹화 자동화 중점	커넥터(API)를 통한 시스템간 통합 자동화
개인의 반복업무 및 수작업 자동화 중점	기업의 업무 프로세스 자동화 중점
태스크 자동화(Task Automation)	프로세스 자동화(Digital Process Automation)
2가지 모두 Digital Process Automation + Task automation에 활용될 수 있음	

기본적으로 DPA와 PAD의 자동화 대상 영역은 차이가 있다. 하지만, 서로 연결할 수 있으므로 하나의 파워 오토메이트 솔루션이라고 한다. 즉, 다음 그림에서 보듯이, PAD는 DPA 자동화 흐름을 구성하는 하나의 요소이다. PAD 작업을 호출한 후에는 기타 여러 가지 앱을 다시 호출해서 후속 작업을 진행할 수 있다.

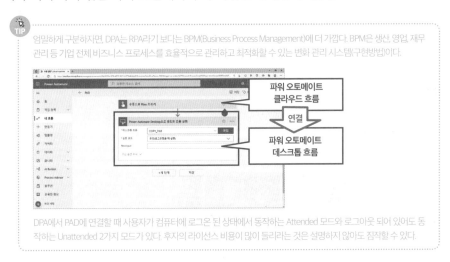

TIP

엄밀하게 구분하자면, DPA는 RPA라기 보다는 BPM(Business Process Management)에 더 가깝다. BPM은 생산, 영업, 재무 관리 등 기업 전체 비즈니스 프로세스를 효율적으로 관리하고 최적화할 수 있는 변화 관리 시스템(구현방법)이다.

파워 오토메이트 클라우드 흐름

연결

파워 오토메이트 데스크톱 흐름

DPA에서 PAD에 연결할 때 사용자가 컴퓨터에 로그온 된 상태에서 동작하는 Attended 모드와 로그아웃 되어 있어도 동작하는 Unattended 2가지 모드가 있다. 후자의 라이선스 비용이 많이 들리라는 것은 설명하지 않아도 짐작할 수 있다.

융합 소프트웨어라는 학과 이름은 대학에서 쉽게 찾아볼 수 있다. 파워 플랫폼은 진정한 융합 소프트웨어임이 틀림이 없다. **"인문학과 공학의 융합"** 관점에서 볼 때, 파워 플랫폼은 사람들에게 단순 업무 노동에서 벗어나 풍요로운 행복한 삶을 제공하는 선물과 같은 시스템이다. **"산업 현장과 IT 소프트웨어의 융합"** 관점에서는 도메인 지식을 가진 현업 전문가들이 직접 앱을 개발하고 자동화를 구현함으로써 업무와 IT 시스템을 효과적으로 통합하고 있다. 또한, **"IT 시스템 간의 융합"** 측면에서는 커넥터, API 및 UI 자동화를 통해 다양한 시스템 간 통합성을 지원한다.

내 지식의 범위에서 상상할 수 있는 앱 간의 통합성 보다 파워 플랫폼의 범용성과 확장성은 더욱 넓다. 꿈보다 해몽이라고 했던가! 엉뚱하게 그려본 업무 자동화를 파워 플랫폼은 근사하게 구현해 낸다.

파워 오토메이트 데스크톱(PAD)

PAD를 이용하면 웹사이트에서 가장 저렴한 상품을 검색히기나 ERP 프로그램에서 데이터를 입력하고 추출해서 엑셀에 저장하고 메일로 보내는 등의 업무를 쉽게 자동화할 수 있다. PAD는 Window 11 환경에서 Power Automate 앱이라는 이름으로 기본 내장되어 있다. 앱 찾기 🔍 아이콘을 눌러서 Power Automate 를 검색하면 실행할 수 있다. Window 10 환경에서는 Microsoft Store 앱에서 PAD를 바로 설치할 수 있다.

PAD 작업은 메뉴 이름만 보더라도 어떤 기능을 하는지 가늠할 수 있을 정도로 직관적이다.

04

파워 오토메이트 시작하기

파워 오토메이트 클라우드(이하 파워 오토메이트)는 Microsoft 365에 포함된 기본 앱뿐만 아니라 타사의 여러 앱과도 연결할 수 있도록 설계되어 있다. 자동화 흐름을 만들기 위해서, 파워 오토메이트 웹사이트(https://make.powerautomate.com/)에 접속해서 **조직 또는 학교 계정**으로 로그인한다. 계정이 없는 경우 [계정을 만드세요!] 링크를 눌러서 신규 가입한다.

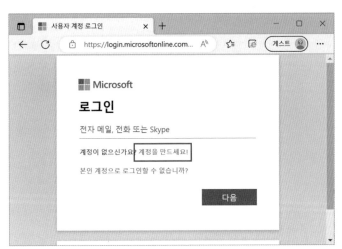

TIP
파워 오토메이트 로그인 사이트(https://powerautomate.microsoft.com/)에서 무료로 시작하기 하기 버튼으로 무료 체험 계정을 생성할 수 있다.

로그인하고 나서 웹 왼쪽 ①[템플릿] 메뉴를 클릭하면 다양한 자동화 템플릿 리스트가 조회된다. 파워 오토메이트 자동화는 템플릿을 선택해서 그대로 사용하거나 필요한 업무 유형에 맞게 변경할 수 있다. 또는 ②[+만들기] 메뉴를 이용해서 처음부터 자동화 흐름을 설계한다.

파워 오토메이트는 노코드 기반이기 때문에 IT 경험이 없어도 누구나(시민 개발자) 자동화 흐름을 만들 수 있다. 실무에서 흥미로운 광경들을 종종 목격한다. 2시간 정도의 파워 오토메이트 교육을 수강한 직원이 스스로 학습하며 기업 프로세스 자동화를 구현한다. 앞서 언급했듯이, 파워 오토메이트로 자동화할 수 있는 업무 영역은 아주 광범위하다.

예를 들어, 매달 수십만 원의 라이선스를 지불해야 하는 회사 방문 시스템을 MS Forms와 파워 오토메이트를 이용해서 대체한다. 외부인이 Forms에서 방문 요청을 하면 담당자에게 승인 요청이 발송되고, 승인이 완료되면 방문자와 대상자 모두에게 카카오 알림톡 또는 문자가 자동으로 전송된다(카카오 알림톡은 업체의 API를 이용하기 때문에 IT 지원이 필요할 수 있다. 실전편에서 소개한다). 휴가 요청, 회의실 예약, 식당 예약 등 이와 유사하게 적용할 수 있는 기업 업무는 다양하다.

다른 사례로, 업체에서 송부한 송장 파일을 AI Builder가 PDF 파일을 학습해서 필요한 데이터를 추출한다. 그리고, 해당 정보를 Sharepoint 목록에 저장하고, 메일을 보내는 것과 같은 후속 프로세스를 실행된다. PDF 파일의 송장번호, 품목, 수량 등을 확인하면서 ERP에 반복해서 입력하던 **수작업을 파워 오토메이트가 완벽하게 대체한다.**

이전에는 업체별 엑셀 데이터를 수작업으로 집계하여 메일을 보내는 작업으로 반나절이 소요되었으며, 키보드와 마우스와 씨름하면서 검지 손가락이 아플 정도였다. 이제는 원드라이브에 엑셀 파일을 저장하면, 파워 오토메이트가 업체별로 파일을 분리해서 메일을 자동으로 보낸다.

> 단, 엑셀 자동화는 파워 오토메이트 클라우드 보다는 파워 오토메이트 데스크톱이 효율적일 수 있다. 업무 성격에 따라서 클라우드와 데스크톱 중에 어떤 툴을 활용할지 비교 검토하는 과정이 필요하다.

업무 자동화 프로젝트를 하면서 직접 보고 겪으면서, 많은 사무직원들은 하루 일과의 많은 시간을 반복되는 단순 업무에 할애하고 있다는 것을 알게 되었다. 한 연구에 따르면 미국, 프랑스, 한국 사회 전반에는 많은 노력을 기울이는 사람들을 가리켜 "도덕적으로 훌륭하다"고 여기는 경향이 있다고 한다. 보이는 데서 열심히 일하라는 오래전 상사의 조언이 기억 난다. 특히, 바쁨을 미덕으로 바라보는 우리나라의 기업문화로 인해 직원들은 하루일과를 더욱 바쁘게 보내려고 애를 쓴다. 그러나 다행히도 일에 대한 인식이 사회 전반에서 사람의 행복이 더 중요하다는 방향으로 변화하면서 노동 환경 개선이 점차 이루어지고 있다는 점이다. 함께 일하는 동료들이 피로한 반복업무에서 벗어날 수 있도록 하루라도 빨리 파워 오토메이트 도입과 확산이 필요함을 절실하게 깨닫는다.

> 파워 오토메이트 프리미엄 기능을 사용하기 위해서는 개인 계정은 프리미엄으로 업그레이드하거나 조직 또는 학교 계정으로 로그인해야 한다. 프리미엄 라이선스는 사용자 기준과 종량제 요금제로 구분된다. 자세한 사항은 다음 웹사이트를 참고하자.
> https://powerautomate.microsoft.com/ko-kr/pricing/

자동화 흐름 맛보기

실행 영상 보기
https://youtu.be/NK-wumymLxY

파워 오토메이트는 클라우드 환경의 셰어포인트(Shared Point), 원드라이브(OneDrive) 등과 연계해서 업무 자동화를 구현할 수 있다. 사용자가 실행 버튼을 클릭하는 것과 같은 액션이 불필요하다. 즉, 사람의 개입 없이 클라우드 환경에서 완전한 자동화가 가능하다는 것이다. Microsoft365 오피스는 많은 기업에서 이미 사용 중이다. 이 부분에서 파워 오토메이트는 큰 강점을 가진다. 파워 오토메이트를 이용하면 다음과 같은 업무를 자동화할 수 있다.

- **Microsoft 365 메일이 수신되면 자동화 실행**
- **셰어포인트 또는 원드라이브에 파일이 생성되면 자동화 실행**
- **Dataverse(클라우드 환경의 데이터베이스) 또는 SQL 서버에 데이터가 생성되면 자동화 실행**
- **Power Apps로 개발한 모바일 앱에서 자동화 실행**
- **챗봇(Virtual Agent)에서 자동화 실행**
- **메일의 PDF 송장문서를 AI Builder가 분석하여 자동화 실행**
- **예약된 시간과 주기로 자동화 실행**
- **유튜브 채널에 동영상이 업로드 되면 자동화 실행**
- **트위터에 트윗이 되면 자동화 실행**
- **업체에서 주문이 발생하면 승인 프로세스 자동화 실행**
- **승인이 일정 시간동안 완료되지 않으면 리마인드 메일 자동 발송**
- **승인이 완료되면 SMS 또는 카카오톡 알림 자동화 발송 등**

파워 오토메이트 흐름은 특정한 소프트웨어를 설치해서 사용하는 것이 아니라, 클라우드 환경인 웹사이트에서 자동화 흐름을 디자인한다.

첫 번째 자동화 흐름을 만들기 위해서 파워 오토메이트 웹사이트에 접속하자.

https://make.powerautomate.com/

왼쪽 메뉴에서 [+만들기]를 선택하면, 흐름을 만드는 세 가지 방법이 구역별로 조회된다.

방법	설명
시작(처음부터)	자동화를 처음부터 설계해서 구현
템플릿으로 시작	이미 만들어진 자동화를 참조하여 흐름을 생성
커넥터에서 시작	Outlook, Onedrive, Twitter와 같은 커넥터를 통해서 자동화 생성 예) 특정인의 메일이 도착하면 흐름을 자동으로 시작

[시작(처음부터)]를 이용해서 주로 자동화 흐름을 생성한다. 여기에는 6가지 유형을 선택할 수 있는데, 이 책에서는 '자동화된', '인스턴트', '예약된' 클라우드 흐름 3가지만 설명한다.

자동화 흐름은 자동화 로봇, 로봇, 봇(Bot), 흐름(Flow) 등의 용어로 표현하기도 한다.

방법	설명
자동화된 클라우드 흐름	사람의 개입 없이, 어떤 트리거 조건에 의해서 흐름이 자동 실행됨 예) SNS에서 특정 키워드가 등록되면, 자동으로 메일을 전송함
인스턴트 클라우드 흐름	사람이 버튼을 눌러서 자동화를 실행함
예약된 클라우드 흐름	예약된 특정 시간에 반복적으로, 주기적으로 자동화가 실행됨
데스크톱 흐름	개인 컴퓨터에 설치한 PAD의 자동화를 관리
Process Advisor	비즈니스 프로세스를 분석하여 비효율성을 발견하고 최적화
설계하기 위해 설명 흐름	사용자가 원하는 자동화를 설명하면 인공지능이 자동으로 흐름을 제안하고, 사용자는 단계별로 인공지능의 가이드를 따라서 흐름을 만들 수 있음(한국에는 서비스를 제공하지 않음)

TIP

자동화 흐름 만들기에 어려움이 있거ㅣ 책에서 설명하ㄴ 화면과 다른 깅우 파워 노토메이트 카페의 교재 보강 자료실 또는 묻고 답하기 게시판을 활용해보자.

https://cafe.naver.com/MSRPA

조금 더
알아보기

파워 오토메이트 신규 버전

MS는 Microsoft 365 코파일럿(Microsoft 365 Copilot) 출시 일정과 함께 파워 오토메이트 화면을 새롭게 개편하였다. 어떤 이유인지는 모르겠지만, 며칠 후 이전 화면으로 되돌렸다. 이 책은 현재 버전을 기준으로 작성되었으며, 개편될 화면과는 흐름 생성 첫 단계에만 차이가 있다. 신규 버전의 파워 오토메이트에서 [+만들기] 버튼을 누르면, 흐름을 만드는 2가지 방법이 조회된다.

방법	설명
템플릿으로 시작	다양한 자동화 템플릿을 참조하여 흐름을 생성
직접 만들기	자동화를 처음부터 설계해서 구현

템플릿으로 시작
작업 또는 앱에서 검색하여 미리 입력된 흐름을 찾은 후 필요에 따라 사용자 지정합니다. 시작하는 데 가장 좋은 방법입니다.

직접 만들기
빈 캔버스로 시작한 다음 트리거와 작업을 추가하여 고유한 사용자 정의 자동화를 만드세요.

[직접 만들기] 기능을 이용해서 자동화 흐름을 생성한다. 커넥터 선택 화면에서 구현하려는 자동화 목적에 맞게 커넥터를 선택하면 된다. [나만의 흐름을 구축하기로 건너뛰기] 버튼을 눌러서 진행한다.

파워 오토메이트 흐름은 하나의 트리거와 여러 개의 동작으로 구성되어 있다. 흐름을 시작하는 첫 출발점인 트리거는 크게 3가지 유형으로 구분할 수 있다. 특정 제목의 메일이 도착했을 때 즉시 시작하는 **[자동화된 클라우드 흐름]**, 사용자가 버튼을 클릭하면 시작하는 **[인스턴트 클라우드 흐름]** 그리고 예약 시간에 흐름을 시작하는 **[예약된 클라우드 흐름]**이 있다.

첫 번째 자동화 흐름으로 '자동화된 클라우드 흐름'으로 만들어 보자. 메일 제목에 "중요"라는 키워드가 포함되어 있으면, 자동으로 다른 주소의 메일로 전송하는 간단한 시나리오를 실습한다. 클라우드 흐름 유형 중에서 [자동화된 클라우드 흐름]을 선택한다.

01 ①흐름 이름을 입력하고, ②흐름 트리거 선택 영역에서 "메일"로 검색한 후에 ③[새 메일이 도착하면(V3)]을 선택하고 ④[만들기] 버튼을 누른다.

기업 또는 학교와 같이 소속된 조직(Tenant)의 계정이 아니라 개인계정을 사용 중이라면, Office 365 Outlook이 아니라 ⑤다음 Outlook.com을 선택해야 한다.

새 메일이 도착하는 경우(V2)
Outlook.com

그리고, [로그인] 버튼을 눌러서 outlook.com 개인 계정으로 로그인한다.

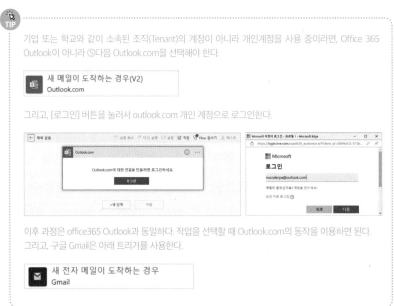

이후 과정은 office365 Outlook과 동일하다. 작업을 선택할 때 Outlook.com의 동작을 이용하면 된다. 그리고, 구글 Gmail은 아래 트리거를 사용한다.

새 전자 메일이 도착하는 경우
Gmail

예약된 클라우드 흐름

흐름을 생성할 때 [예약된 클라우드 흐름]을 선택하면, 특정 시간에 일정한 주기로 흐름을 예약해서 실행할 수 있다. 예를 들어, 설계 변경 또는 경비 요청에 대한 승인이 지연될 때 12시간마다 승인자에게 리마인드 메일을 자동으로 보낼 수 있다.

시작일자/시간을 입력하고, 반복주기를 설정하면 해당 시간에 주기적으로 흐름이 실행된다.

02 자동화를 개발하는 파워 오토메이트 흐름 디자이너(Power Automate flow designer) 화면이 열린다. 작업들을 서로 연결해서 자동화 프로세스를 쉽게 완성할 수 있도록 직관적인 사용자 개발 환경을 제공한다. ⚡ Flow 검사기 메뉴를 클릭하면, 흐름을 검사하고 에러와 경고 내용을 보여 준다. 이외 메뉴는 부가적인 설명이 필요 없을 정도로 간단하기 때문에 실습을 진행하면서 소개한다. 새 단계를 넣거나 드래그 앤 드롭으로 추가한 작업의 위치를 변경할 수 있다.

[새 메일이 도착하면] 작업의 [고급 옵션 표시] 메뉴를 눌러서 자동화 대상 메일의 필터링 조건을 설정해 보자. [새 메일이 도착하면] 단계는 흐름을 시작하는 트리거이다.

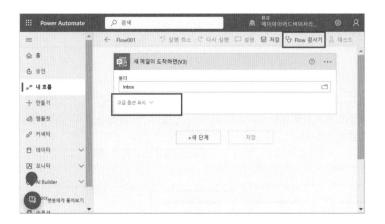

03 메일 제목에 "중요"라는 문구가 포함된 메일이 오면 흐름이 자동으로 실행되도록 '제목 필터' 항목에 "중요"라고 입력한다. 이외 보낸 사람과 같은 옵션들은 직접 설정해서 확인해보자.

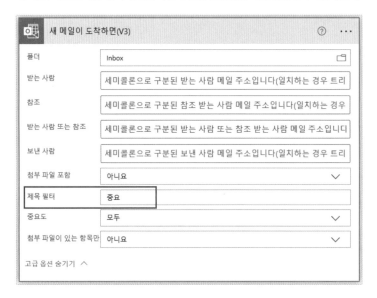

04 메일 트리거 조건 설정이 완료되었으면, +새 단계 버튼을 눌러서 다음 자동화 단계를 추가한다. "중요" 키워드의 메일을 개인 메일로 보내기 위해서는, ①"mail"로 검색한 후에 ②Office365 Outlook 커넥터를 선택하고 ③[메일 보내기] 동작을 선택한다.

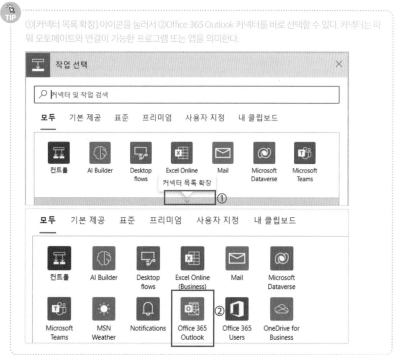

①[커넥터 목록 확장] 아이콘을 눌러서 ②Office 365 Outlook 커넥터를 바로 선택할 수 있다. 커넥터는 파워 오토메이트와 연결이 가능한 프로그램 또는 앱을 의미한다.

05 ①받는 사람 항목에 메일 주소를 입력한다. ②제목 항목에 마우스 커서를 클릭하면 ③ 팝업화면이 열리는데, [제목] 동적 콘텐츠를 선택한다. ④[제목]은 앞 단계의 [새 메일이 도착하면(v3)]의 메일 제목을 의미한다. ⑤본문에는 내용을 직접 기입하거나, [제목]과 같이 동적 콘텐츠의 [본문]을 선택한다. 이외에 '고급 옵션 표시' 메뉴를 열어서 첨부파일과 같은 항목들도 확인해보자. 그리고 ⑥흐름을 [저장]하자.

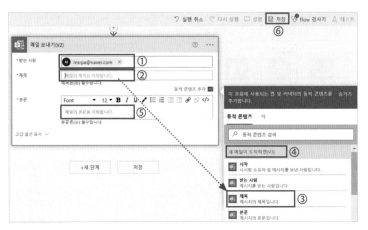

TIP 다음 제목과 본문에서 볼 수 있듯이, 동적 컨텐츠와 텍스트를 조합해서 입력할 수 있다.

06 자동화 흐름이 정상적으로 동작하는지 확인하기 위해서 Office365 Outlook 본인 계정에 메일을 전송한다.

07 앞서 입력한 개인 계정으로 메일이 자동으로 전송되었는지 흐름 실행로그를 조회해보자. ① 파워 오토메이트 왼쪽 메뉴에서 [내 흐름]을 선택한다. 흐름을 선택하고 ②자세한 명령 아이콘 ⋮ 을 눌러서 ③ [실행 기록]을 클릭한다.

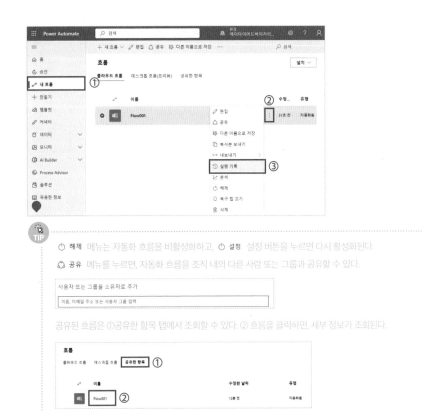

TIP

⏻ 해제 메뉴는 자동화 흐름을 비활성화하고, ⏻ 설정 설정 버튼을 누르면 다시 활성화된다.

🕊 공유 메뉴를 누르면, 자동화 흐름을 조직 내의 다른 사람 또는 그룹과 공유할 수 있다.

사용자 또는 그룹을 소유자로 추가

이름, 이메일 주소 또는 사용자 그룹 입력

공유된 흐름은 ①공유한 항목 탭에서 조회할 수 있다. ② 흐름을 클릭하면, 세부 정보가 조회된다.

해당 화면에서 흐름을 편집, 공유, 삭제 등의 기능을 실행할 수 있다. 흐름의 상태, 생성일시, 소유자 그리고 실행 기록이 한 화면에 조회된다. 흐름을 공유한 소유자를 삭제하려면 [편집] 메뉴를 이용하면 된다.

08 실행기록 상태에 [성공]이라고 확인된다. 상세 내용을 확인하기 위해 시작 시간을 클릭해 보자.

28일 실행 기록 ⓘ		열 편집	모든 실행
시작 3월 11일 오후 12:59	기간	상태
3월 11일 오후 12:59 (10시간 전)	617밀리초	성공
3월 11일 오후 12:44 (10시간 전)	197밀리초	성공
3월 11일 오후 12:42 (10시간 전)	779밀리초	성공
3월 4일 오후 11:52 (6일 전)	839밀리초	성공

09 흐름의 각 단계가 성공했음을 의미하는 ✅ 아이콘이 조회된다. 각각의 작업을 선택하면 상세 내용을 확인할 수 있다.

10 본인이 입력한 개인 메일 주소에 메일이 정상적으로 도착했는지 확인해 보자.

☆ **중요-미팅 소집합니다.** ✐

∧ 보낸사람   노코드 연구회 <ai@aag.co.kr>   VIP

받는사람   MSRPA@NAVER.COM

2023년 3월 11일 (토) 오후 12:59

안녕하세요.

안녕하세요.

아래와 같이 미팅 소집합니다.

일 시 : 2024년 1월 2일 오전 10시
장 소 : 미팅 룸 A

Classical vs Modern Expression Editor

파워 오토메이트 에디터(Editor)는 2가지 버전이 있다. ① 왼쪽 상단의 설정 아이콘을 누르고, ② [모든 Power Automate 설정 보기] 메뉴를 선택한다.

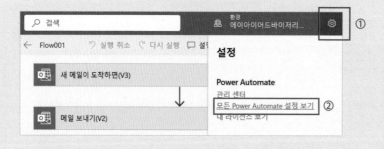

실험적 기능을 활성화하면 Modern Expression Editor를 사용할 수 있다. 메뉴에서도 설명되어 있듯이, 실험적 기능은 언제든지 변경될 수 있기 때문에 이 책은 Classical Editor를 사용한다.

Modern Editor는 식을 입력하는 창을 넓게 활용하고 동적 값을 바로 선택할 수 있는 장점이 있다.

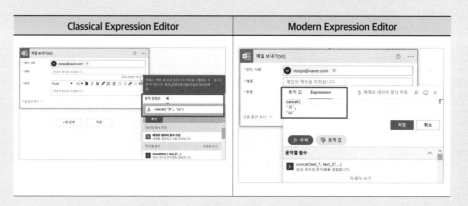

POWER
AUTOMATE
CLOUD

무엇이든 처음 쌓는 초석이 중요한 법이다. 프로그래밍에서도 기본이 가장 중요하다. 노코드를 기반으로 하는 파워 오토메이트는 코드가 없는 프로그래밍이라고 할 수 있다. 그렇기에 시간이 조금 더 걸리더라도 기초부터 한 단계씩 이해해야, 완성도 높은 업무 자동화를 구현하는 기반을 다질 수 있다. 프로그래밍 경험이 없는 사람은 변수를 이해하는 시작점부터 어려움을 느낄 수 있다. 걱정할 필요는 없다. 이 책은 일반 시민 개발자의 눈높이에서 쉽게 설명하고 있다. 본격적으로 업무 자동화를 구현하기 전에 파워 오토메이트의 기본에 대해서 알아보자.

2 장

기본 기능 배우기
- 변수편

변수란 무엇인가

프로그래밍의 기본은 변수 개념을 이해하는 것에서 시작한다. 노코드 툴은 스크립트를 작성하지 않는 프로그래밍이기 때문에 스크립트 기반의 언어와 기본 개념은 동일하다. 변수를 영어로는 Variable이라고 하는데, 이는 **고정된 것이 아니라 상황에 따라 변할 수 있다**는 뜻이다.

예를 들어, 계산기 프로그램에서 3 + 7 수식을 계산하려면, 먼저 3을 입력한다. 그리고 +더하기 버튼을 누르고 7을 다시 입력한다. 이때 처음 입력한 3을 어딘가 저장해 두어야 한다.

이렇게 특정한 값을 컴퓨터의 메모리 공간에 저장하고, 다시 불러와서 계산 등의 목적으로 사용하는 것을 변수라고 한다. 숫자 3을 저장하고 있는 첫 번째 메모리 공간을 쉽게 찾기 위해서 변수 이름을 'VAR1'이라고 짓고, 7을 저장하는 두 번째 공간은 'VAR2'라는 이름으로 설정할 수 있다. 변수 이름은 사용자가 쉽게 의미를 알아볼 수 있도록 네이밍(작명)하면 된다.

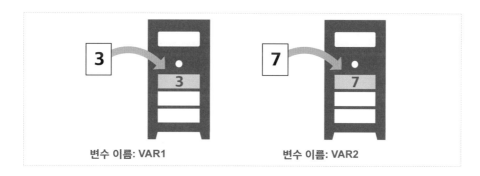

변수 이름: VAR1   변수 이름: VAR2

컴퓨터의 메모리 영역은 서랍장의 개별 칸에 비유할 수 있다. 다음 그림에서 첫 번째 메모리 공간에 3이라는 수를 저장했듯이 서랍장의 첫 번째 칸에는 손목시계를 넣을 수 있다. 마찬가지로 두 번째 메모리 공간에 7을 저장했듯이 서랍장 두 번째 칸에는 일기장을 보관할 수 있다. 컴퓨터 메모리 영역에서 변수 이름을 VAR1 또는 VAR2와 같이 사용했다. 서랍장 맨 위 칸은 첫 번째 칸이라고 얘기하면 서로 이해하는 데 문제가 없으므로 별도로 이름을 정의할 필요가 없다. 그저 '첫 번째 칸'이라는 통상적인 이름으로 부른다. 물론, 보관할 물건의 성격에 따라서 "액세서리", "책" 등과 같은 이름을 정해서 스티커를 붙여 놓을 수도 있다. 서랍장에 붙여 놓은 스티커 이름처럼 컴퓨터의 개별 메모리 영역에 저장되어 있는 값을 쉽게 찾기 위해서 변수 이름을 설정하는 것이다.

서랍장의 첫 번째 칸에 둔 시계를 빼내고 다른 물건을 넣을 수 있듯이, 컴퓨터의 첫 번째 메모리 공간에서 숫자 3을 지운 후에 다른 숫자 5를 할당 수도 있다. 일반적인 프로그래밍에서 메모리 공간을 지우는 명령어를 'Clear'라고 한다. Clear 하는 단계가 없이 바로 변수에 값을 할당할 수도 있다.

3을 저장하고 있는 변수(메모리 공간)를 지움	변수(메모리 공간)에 5를 할당
Clear VAR1	VAR1 = 5

이러한 단계를 서랍장에 비유하면 다음과 같이 설명할 수 있다.

3을 저장하고 있는 변수(메모리 공간)를 지움	변수(메모리 공간)에 5를 할당
서랍장 첫 번째 칸에 시계를 빼내고 비우다.	서랍장 첫 번째 칸에 지갑을 넣다.

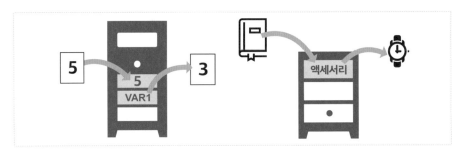

그리고, 액세서리 칸에 시계, 지갑 등 여러 개의 물건을 동시에 보관할 수 있듯이 변수 VAR1에도 여러 개 숫자를 저장할 수 있다. 이러한 용어를 프로그래밍에서는 배열이라고 한다.

일반적인 프로그래밍 언어와 마찬가지로 파워 오토메이트는 다양한 변수타입을 지원한다. 아래 표는 파워 오토메이트에서 사용할 수 있는 변수 유형을 나열한다. 숫자형은 소숫자리 여부에 따라 2가지 타입이 있고, 문자열 변수는 문자 길이와 관계없이 하나의 타입만 존재한다.

변수형	데이터 범위	예
정수	정수를 저장하는 숫자 변수	1, 2, 0, -1, -2
부동 소수점수	소수를 포함하는 숫자 변수	2.7, 0.1, -3.123
문자열	한 자리 이상의 문자 등 모든 종류의 텍스트 타입	가, 가나다, 가ABC, 가_ABC
부울	참과 거짓 2개의 값을 가지는 변수	True, False
개체	JSON 타입의 개체 오브젝트 변수	{이름:"김철수", 이름:"이영희"}
배열	여러 개의 값을 가지는 배열 변수	[1, 2, 3]

모바일 파워 오토메이트 앱 설치하기

모바일 기기(스마트폰 또는 태블릿)에서 파워 오토메이트 앱을 설치해서 자동화 흐름을 실행할 수 있다. 안드로이드는 플레이스토어에서, 애플은 앱스토어에서 '파워 오토메이트'를 검색해서 설치해 보자.

숫자 변수

실행 영상 보기
https://youtu.be/3WGPp8CCVTQ

파워 오토메이트에서 숫자형 변수를 선언하고 간단한 수식을 적용해 보자. 왼쪽 메뉴에서 [+만들기] 메뉴를 선택하고, [인스턴트 클라우드 흐름] 버튼을 누른다. 해당 흐름 유형은 사용자가 직접 버튼을 눌러서 실행해야 한다.

흐름 이름을 입력하고, [수동으로 Flow트리거]를 선택하고 [만들기]버튼을 누른다.

전통적인 소스 코드 기반의 프로그램 언어에서는 일반적으로 변수를 정의하는 구문을 사용한 후에 변수에 값을 할당한다.

1단계: 숫자형 변수 선언하기	2단계: 숫자형 변수에 값 할당하기
INT var1	var1 = 3

파워 오토메이트도 변수를 선언하고 값을 할당하는 2단계를 과정을 거친다. 변수를 선언할 때 초깃값을 설정할 수 있다.

01 신규 흐름을 만들기 위해서, [새 단계] 버튼을 누르고 ①기본 제공 탭의 ②[변수]를 선택한다. 또는 커넥터 검색 입력 창에 "Variable"이라고 검색해서 찾는 것도 좋다. ③ [변수 초기화] 동작을 선택한다.

> TIP
> 이 책에서 동작, 액션(Action), 작업, 단계는 모두 동일한 의미를 가진다.

02 임의의 변수 이름을 설정하고, 변수 유형 [정수]를 선택한다. 값에는 초깃값 3을 입력한다.

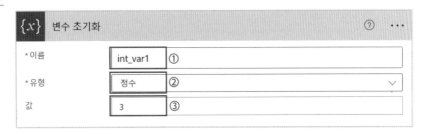

03 3 + 7 연산을 수행하기 위해서, [변수 초기화] 동작을 추가해서 두 번째 변수를 선언한다. ①변수 이름을 입력하고 정수 유형을 선택한다. 값에 커서를 두면 수식 에디터 팝업창이 열린다. ②식 탭으로 이동해 스크롤을 아래로 내리면, 수식 함수 영역의 ③add 함수를 선택한다. 더 많은 함수를 보려면 ④[자세히 보기] 메뉴를 클릭한다.

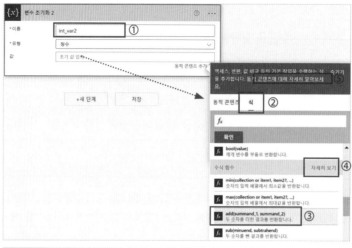

함수	Add(3, 7)
설명	Add 함수는 2개의 인수를 가진다. 앞의 예제는 3과 7을 더하는 연산을 실행한다.

TIP

⑤"동적 컨텐츠에 대해 자세히 알아보세요." 메뉴를 클릭하면, 함수를 설명하는 MS 사이트로 이동한다. 다양한 함수의 기능은 해당 사이트를 참고하자.

https://learn.microsoft.com/ko-kr/azure/logic-apps/workflow-definition-language-functions-reference

참고로, MS Azure의 자동화 솔루션인 Logic Apps와 파워 오토메이트에서 사용하는 함수는 동일하다. Logic Apps는 파워 오토메이트 화면과 매우 유사하며 자동화를 개발하는 방식도 비슷하다.

04 동적 콘텐츠 탭으로 이동해서, 함수 add( )의 괄호 안에 커서를 두고 변수 int_var1을 클릭한다. 그리고, 변수 int_var1에 7을 더하기 위해서 쉼표(,)와 7을 입력한다. 수식 입력이 완료되었으면 [확인] 버튼을 누르자.

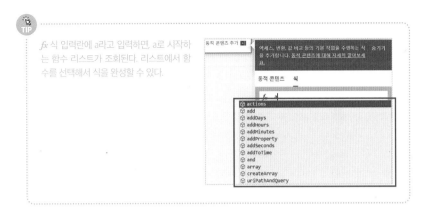

TIP

fx 식 입력란에 a라고 입력하면, a로 시작하는 함수 리스트가 조회된다. 리스트에서 함수를 선택해서 식을 완성할 수 있다.

---

05 값 항목에 첫 번째 변수와 7을 더하는 수식이 입력된다.

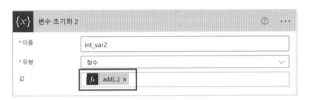

함수	add(variables('int_var1'), 7)
설명	Variables 함수는 변수의 값을 반환하는 기능을 한다. 즉, 변수 int_var1과 7을 더한다.

TIP

5단계의 값 항목에 직접 수식을 입력하려면 @기호화 중괄호{} 사용해서 입력해야 한다. 값 항목에 입력된 수식을 복사(Ctrl + C)하면, 다음 값이 기술되어 있다. 해당 수식을 복사해서 값에 붙여넣기(Ctrl + V) 해보자.

@{add(variables('int_var1'), 7)}

---

06 수식이 잘 수행되는지 확인하기 위해서 [저장] 버튼을 눌러 흐름을 저장하고, ①[테스트] 버튼을 누른다. ②흐름 테스트 팝업 화면에서 [수동]을 선택하고, ③[저장 및 테스트] 버튼을 클릭한다. 이어서 [흐름 실행]과 [완료] 버튼을 누르자.

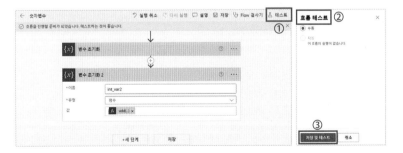

숫자 변수와 관련된 대표적인 함수는 다음과 같다.

함수	설명	예제	수식 결과
div	나누기	div(10, 5)	2
mul	곱하기	mul(2, 3)	6
sub	빼기	sub(7, 2)	5
mod	나누기 나머지 값 구하기	mod(7, 2)	1
max	최댓값 구하기	max(9, 8)	9
min	최솟값 구하기	min(9, 8)	8
rand	임의의 숫자 반환	rand(1, 10)	1과 10 사이의 임의의 수 반환

조금 더
알아보기

숫자 서식 변경하기

01 [숫자 함수]->[숫자 서식] 동작을 이용하면 숫자를 원하는 포맷으로 변경할 수 있다.

02 3자리마다 쉼표(,)기호를 표현하려면 서식에 다음과 같이 설정한다.

03 해당 작업은 문자열 함수인 for-matNumber를 사용한 것과 동일한 효과를 가진다.

formatNumber(123456789, '###,###')

흐름을 실행해서 확인해보면, 서식이 지정된 숫자 형태로 출력된다.

07 변수 초기화2 작업을 누르면, 연산 결과 10이 출력되는 것을 확인할 수 있다.

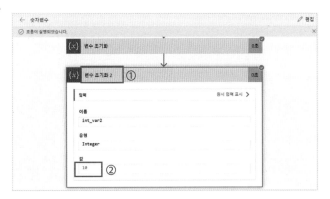

08 변수 초기화와 변수 초기화2 단계 사이에 [새 단계 삽입] 아이콘을 눌러서 첫 번째 변수에 다른 값을 설정하는 작업을 추가해보자.

09 [변수 설정] 동작을 선택한다. [변수 설정] 동작은 [변수 초기화] 동작으로 이미 선언한 변수에 값을 재설정하는 기능을 한다.

10 이름 항목에 첫 번째 변수 int_var1을 선택하고, 값은 임의의 숫자 5를 입력한다. 그리고 흐름을
다시 실행해서 결괏값이 어떻게 나오는지 확인해보자.

작업 이름 변경하기

작업 단계가 늘어날수록 각 작업의 이름을 구분하기가 어려워진다. 전체 흐름을 이해하기 쉽도록 기능 위주
로 작업 이름을 변경하는 것을 권장한다. ①작업 메뉴 아이콘을 누르고 ②[이름 바꾸기] 메뉴를 누르면 된다.

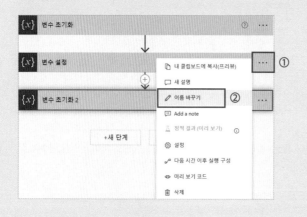

08

문자 변수

실행 영상 보기
https://youtu.be/NaILbktux0U

이메일이나 PDF 등의 문서에서 문자열을 읽어 온 후에 사용자가 원하는 값을 추출하는 것은 자동화에서 필수적인 기능이다. 추출한 텍스트에서 필요한 문자열을 잘라내거나, 여러 개의 텍스트를 하나로 연결하는 기능이 파워 오토메이트에 기본으로 내장되어 있다. 텍스트 변수를 생성하고 문자열을 출력하는 실습을 진행해보자. 흐름을 실행하면, 다음과 같이 2개의 입력 파라미터를 받아서 문자를 연결하는 기능을 구현한다. 먼저, 앞서 실습했던 것처럼 [인스턴트 클라우드 흐름]을 생성하자.

01 ①수동으로 Flow 트리거를 눌러서 ②입력 추가 메뉴를 선택한다.

02 문자를 입력 받기 위해서 [텍스트]를 선택한다.

03 입력 파라미터의 이름 input1을 설정한다. 2단계를 한 번 더 반복해서 두 번째 입력 파라미터 input2를 추가한다.

04 [변수 초기화] 동작을 추가한 후에 ①변수 이름을 입력하고 ②변수 유형을 문자로 설정한다. 그리고 값 항목에 사용자가 입력한 2개의 문자를 연결하는 ③함수 concat를 선택한다.

05 동적 콘텐츠 탭으로 이동해서 concat함수에 input1과 input2를 선택해서 쉼표로 연결한다.

concat(triggerBody( )['text'], triggerBody( )['text_1'])

중간에 공백을 주고 연결하려면 다음과 같이 수식을 완성한다.

concat(triggerBody( )['text'], ' ', triggerBody( )['text_1'])

함수	concat('text1', 'text2', 'text3' ,,,,)
설명	concat 함수는 문자를 서로 연결한다. 여러 개의 파라미터를 사용하려면 쉼표를 추가해서 연결할 수 있다. 실습 예제에서 사용된 수식에서 ① triggerBody()는 흐름을 시작(트리거)하는 [수동으로 Flow 트리거] 작업을 의미하고, ② text는 첫 번째 텍스트 입력 파라미터를 의미한다. **concat(triggerBody()['text'], triggerBody()['text_1'])** 　　　　　　①　　　　　　　　②

06 흐름을 저장하고 △ 테스트 버튼을 눌러 흐름이 어떻게 동작하는지 확인해보자. 각각의 파라미터에 "안녕", "파워 오토메이트"라고 입력하고 실행한다.

문자 변수와 관련된 대표적인 함수는 다음과 같다. 이외 함수는 Microsoft 설명서 사이트를 참고하자.

함수	설명	예제	수식 결과
chunk	길이만큼 문자를 잘라서 배열에 저장	chunk('가나다라마바', 2)	["가나", "다라", "마바"]
indexOf	문자열에서 검색문자열의 위치를 반환(0부터 시작)	indexOf('가나다', '나')	1
formatNumber	숫자를 문자 포맷으로 반환	formatNumber(1234567, '0,0')	1,234,567
length	문자 또는 배열의 길이를 반환	length('가나다')	3
replace	문자열에서 지정된 문자로 대체	replace('가나다', '나', 'B')	가B다
slice	문자열에서 시작위치와 끝 위치 문자 반환 (0부터 시작)	slice('가나다라', 1,3)	나다
split	문자열에서 지정기호로 분할	split('가_나_다', '_')	["가", "나" , "다"]

GPT-3 AI 사용해보기

사람이 말로 설명하면 인공지능(AI)이 프로그래밍을 코딩하는 기술이 개발되었다. 파워 오토메이트에도 이와 유사한 AI 기능이 탑재되어 있다. 문자 변수에서 마지막 문자를 반환하는 수식을 GPT-3를 이용해 구현해보자.

01 [새 단계]를 추가하고, [기본 제공] 탭의 [데이터 작업]을 선택한다.

02 그리고, [작성] 동작을 선택한다. [작성] 동작은 수식을 적용해서 결 괏값을 반환하는 역할을 한다.

03 입력 항목을 클릭하고, [예제로 데 이터 형식 지정] 메뉴를 선택한다.

04 표현식 에디터에서 [예제로 데이 터 형식 지정]을 사용하면 GPT-3 가 제공된 예제를 학습하여 적합 한 수식을 제안한다. 변수 [text_ var1]을 선택한다.

예제로 데이터 형식 지정

이 흐름에서 데이터가 반환되는 방식을 변경할 항목을 선택합니다. 데이터 변환은 식을 사용하여 수행됩니다.

동적 값 검색

변수

text_var1

05 ①예제 값에 "가나다"를 입력하고, 마지막 문자를 반환하는 예제로 ②원하는 출력 항목에 "다"를 입력한다. ③[예제 추가] 메뉴를 눌러서 AI가 더 많은 예제를 학습(머신러닝)할 수 있도록 다양한 예제를 작성한다. ④[식 가져오기] 버튼을 누르자.

06 AI가 slice 함수를 이용한 수식을 제안한다. [적용] 버튼을 누르면 수식이 적용된다. Slice 함수의 2번째 인자 -1은 문자열의 뒤에서 한 자리를 자르겠다는 의미이다. 마지막 두 자리를 반환하려면 -2를 입력하면 된다.

slice(variables('text_var1'), -1)

흐름을 테스트하면 입력한 문자열의 마지막 글자를 반환하는 것을 확인할 수 있다.

09

날짜 변수

실행 영상 보기
https://youtu.be/q3k9DdS8G4Q

파워 오토메이트에는 **날짜 타입 변수가 존재하지 않는다.** 문자 변수를 날짜 함수를 이용해 **날짜 형태로 변경**해야 한다. 날짜로 변환된 변수는 '2023-12-31T14:12:49'와 같은 형태를 가진다. 이러한 날짜 타입은 시스템 내부에서 일자를 계산하는 용도로 주로 활용된다. 엑셀 파일에 날짜를 입력하거나 기타 프로그램의 날짜 칼럼에 값을 입력할 때는 문자 타입으로 변환해야 한다. 또한 날짜 구분 기호 '-'를 사용자가 원하는 다양한 포맷으로 변경할 수도 있다.

오늘 날짜를 가져와서 하루를 더하는 [인스턴트 클라우드 흐름]을 만들어보자.

01 [변수 초기화] 동작을 추가한 후에 ①변수 이름을 입력하고, ②변수 유형은 [문자열]을 선택한다. 그리고, 오늘 날짜를 가져오기 위해 ③utcNow( ) 함수를 선택한다.

02 [테스트] 버튼을 눌러서 오늘 날짜를 가져오는지 확인해보자. 현재는 2023년 2월 5일 15시 20분 40초인데, utcNow( ) 함수는 국제 표준시간인 UTC+0 기준으로 06시를 반환한다. 우리나라는 UTC+9 타임 존을 사용하기 때문에 9시간을 더하는 로직을 추가해야 한다.

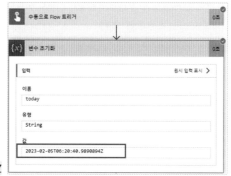

2023-02-05T06:20:40.9890894Z

> **TIP**
> utcNow() 함수가 반환하는 yyyy-MM-ddTHH:mm:ss.fffffffK 형식은 ISO 8601을 준수하는 표준 시간대 정보이다.

03 [새 단계] 버튼을 눌러 [작성] 동작을 추가한다. 날짜 및 시간 함수 영역에서 convertTimeZone( ) 함수를 선택하고, 다음과 같이 수식을 완성한다. 조금 더 알아보기에서 'Korea Standard Time' 코드를 확인하는 방법에 대해서 설명한다.

convertTimeZone(variables('today'), 'UTC', 'Korea Standard Time')

함수	convertTimeZone(variables('today'), 'UTC', 'Korea Standard.Time')
설명	convertTimeZone 함수는 UTC 기준으로 각 국가에 해당하는 타임 존으로 시간을 변환한다.

04 테스트 버튼을 눌러 흐름을 실행해서 확인해보면, 우리 나라 타임 존을 반영한 현재 시간이 출력되는 것을 확인할 수 있다.

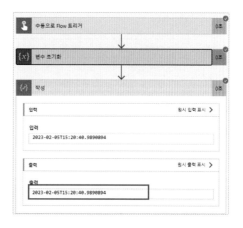

05 이번에는 오늘 날짜에 하루를 더하는 기능을 구현해보자. [작성] 동작을 하나 더 추가해서 다음과
같이 수식을 완성한다. addDays 함수의 첫 번째 인자 outputs('작성')은 4단계 [작성]에서 반환된
값이다.

함수	addDays(outputs('작성'), 1)
설명	addDays 함수는 날짜에 하루를 더한다.

06 이번에는 "2023/02/05"와 같이 "년/월/일"만 출력해보자. [작성] 동작 단계를 추가한 후에
formatDateTime( ) 함수를 이용하여 수식을 완성한다.

함수	formatDateTime(outputs('작성_2'), 'yyyy/MM/dd')
설명	formatDateTime은 사용자가 원하는 날짜 타입으로 변환해준다. y : year의 약자로 년도이다. M : Month의 약자로 월을 의미한다. * 대문자 M은 월을 표현하고, 소문자 m은 minute의 약자로 분을 의미한다. d : day의 약자로 일자를 반환한다.

날짜와 관련된 대표적인 함수를 정리하면 다음과 같다. 추가 함수는 Microsoft 설명서 사이트를
참고하자.

함수	설명	예제	수식 결과
addHours	날짜에 시간을 추가한다.	addHours('날짜', 1)	날짜에 한 시간을 더한 값
dateDifference	두 날짜 사이의 차이를 반환한다.	dateDifference('날짜1', '날짜2')	날짜 1과 날짜 2의 차이 값
dayOfMonth	월의 몇 번째 일자인지 반환	dayOfMonth('날짜')	2월 5일이면 -> 5를 반환
startOfMonth	해당 월의 첫 번째 일자 반환	StartOfMonth('날짜')	2월 5일이면 -> 1을 반환

해당 월의 마지막 일자를 구하는 함수는 제공되지 않는다. 해당 기능은 로직으로 구현해야 한다. 다음 단계를 참고해서 직접 이달의 마지막 일자를 계산해보자.

해당 월에 1달을 더한다.

AddToTime('날짜', 1, 'Month')

다음 달의 결과로부터 첫 번째 일자를 구한다.

startOfMonth('다음 달')

다음 달의 첫 번째 일자에 -1일을 한다.

addDays('다음 달의 첫 번째 일자',-1))

위 3가지 단계를 하나의 수식으로 작성하면 다음과 같다.

addDays(startOfMonth(AddToTime('날짜', 1, 'Month')),-1)

조금 더
알아보기

날짜 시간 작업과 코드 보기

날짜 관련 함수를 사용하지 않고 [날짜시간] 작업을 활용해서 시간을 계산할 수 있다.

01 ①[현재 시간] 동작을 가져온 후에 ②[표준 시간대 변환]으로 타임 존을 변경하게 된다.

02 다음과 같이 [표준 시간대 변환] 동작을 설정하고 각자 실행결과를 확인해보자. 추가로, 대상 표준 시간대 항목의 UTC+9:00 서울이 어떠한 코드를 쓰는지 확인하기 위해서 ①더 보기 아이콘을 누르고, ②[미리 보기 코드] 메뉴를 선택한다.

03 우리 나라는 "Korea Standard Time"을 사용하고 있다는 것을 확인할 수 있다.

04 참고로, 2개 날짜의 차이를 숫자 형태로 반환하려면 ticks 함수를 이용할 수 있다. ticks는 날짜를 100 nanosecond 수로 변환한다. sub 함수를 이용해 2개 날짜의 차이를 구하고, div 함수로 600000000으로 나누기 하면 분을 구할 수 있다. 1 nanosecond는 10억분의 1초이기 때문에 초 단위를 구하려면, 10000000으로 나누면 된다.

div(sub(ticks(body('시간에_추가')), ticks(body('현재_시간'))), 600000000)

05 [현재 시간]동작으로 현재 시간을 구하고, [시간에 추가] 동작으로 현재시간에 1분을 더해서, 2개 시간의 차이를 구하면 1이 출력된다.

배열 타입 변수

실행 영상 보기
https://youtu.be/CmhQFc2oDcQ

서랍장 한 칸에 다양한 물품을 보관할 수 있듯이, 하나의 변수에도 여러 개 데이터를 저장할 수 있다. 이렇게 **하나의 변수가 여러 개의 데이터를 담고 있는 유형을 배열**이라고 한다.

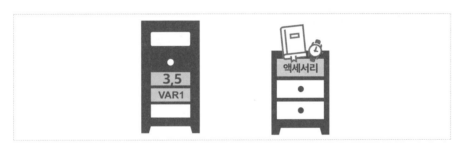

소스 코드 기반의 프로그래밍과 파워 오토메이트의 배열 변수는 다음과 같은 방식으로 정의한다.

타입	소스 기반의 프로그래밍	파워 오토메이트 변수 초기화
숫자	Var1 = [3, 5]	{x} 변수 초기화 ⑦ ··· · 이름 var1 · 유형 배열 값 [3,5]
문자	Var2 = ["가", "나"]	{x} 변수 초기화 ⑦ ··· · 이름 var2 · 유형 배열 값 ["가", "나"]

서랍장 개별 칸은 다음과 같이 2개의 구역이 있다고 하자. 메모리에 저장되는 배열 변수도 위치가 정해져 있고, **첫 번째 색인은 0부터 시작**한다.

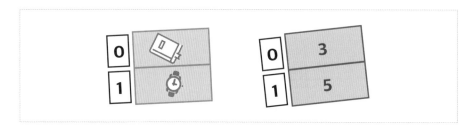

즉, 배열 변수 var1의 첫 번째 위치에 존재하는 변수는 **var1[0]**과 같이 정의하게 된다. 배열의 두 번째 순서에 존재하는 5 값을 가져오려면 **var1[1]**이라고 사용한다. 엑셀 프로그램에서 A열의 첫 번째 행의 값은 A1, 두 번째 행의 값은 A2라고 하는 원리와 동일하다. 단, 프로그래밍 코드에서는 배열의 순번이 0부터 시작한다는 점이 다르다.

엑셀 프로그램	값 가져오기
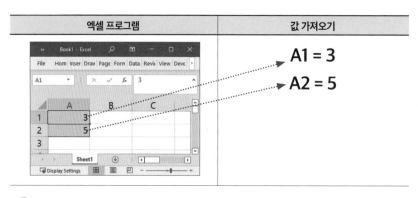	A1 = 3 A2 = 5

> **TIP**
> 파워 오토메이트 데스크톱에서는 배열을 목록(리스트)이라고 한다. 파워 오토메이트 클라우드와 파워 오토메이트 데스크톱은 별개의 솔루션이기 때문에 용어와 자동화 개발 방법에 약간의 차이가 있다. 단, 노코드 툴이라는 관점에서 작업을 서로 연결하는 근본적인 동작 원리 원리는 유사하다.

[인스턴트 클라우드 흐름]을 하나 만들어서 배열 변수를 선언하고, 값을 할당하는 실습을 해보자.

01 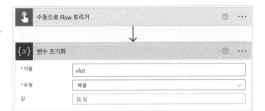 [변수 초기화] 동작을 추가해서 이름, 유형, 값을 다음과 같이 입력한다.

02 배열에 추가된 2개의 값을 더하는 흐름을 만들기 배열의 첫 번째 인덱스에 있는 값을 먼저 가져와 보자. [데이터 작업]->[작성] 동작을 추가해서 다음과 같이 기술한다.

variables('vlist')[0]

함수	variables('vlist')[0]
설명	variables 함수는 변수의 값을 반환하는 기능을 한다. 배열 변수는 뒤에 [0]과 같이 순번을 사용한다.

03 add 함수를 이용해서 배열의 0번째 값과 1번째 값을 더하는 수식을 완성한다.

add(variables('vlist')[0], variables('vlist')[1])

04 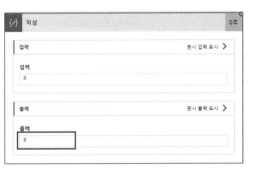 흐름을 실행하면 add(3, 5)의 더한 결괏값 8이 출력되는 것을 확인할 수 있다.

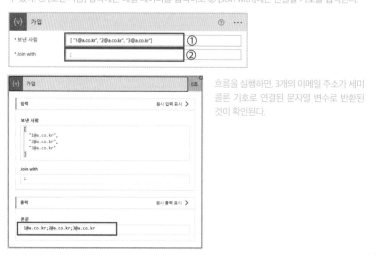

여러 명에게 이메일을 보낼 때 이메일 주소를 세미콜론 (;) 기호로 연결해야 한다. 다음과 같이 3개의 메일 주소를 가진 배열 변수를 [데이터 작업]→[조인] 기능을 이용하면 기호로 연결해서 문자열로 변환할 수 있다. ① [보낸 사람] 항목에는 배열 데이터를 입력하고 ② [Join with]에는 연결할 기호를 입력한다.

흐름을 실행하면, 3개의 이메일 주소가 세미콜론 기호로 연결된 문자열 변수로 반환된 것이 확인된다.

05 이번에는 [배열 변수에 추가] 새 단계를 추가해서, 배열에 새로운 숫자를 하나 넣어보자.

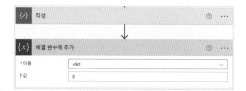

배열과 관련된 대표적인 함수를 정리해보자.

함수	설명	예제	수식 결과
length	배열의 수 반환	length(variables('vlist'))	3
sort	배열을 정렬	sort(variables('vlist'))	[0,3,5]
contains	배열에 값이 포함되어 있는지 체크하여 true 또는 false 반환	contains(variables('vlist'), 3)	true
empty	배열이 비어 있으면 true 그 반대는 false	empty(variables('vlist'))	False
take	배열 첫 번째부터 해당 순번까지 반환	take(variables('vlist'), 2)	[3,5]
skip	배열의 순번까지 제외하고 반환	skip(variables('vlist'), 1)	[5,0]
union	배열의 합집합 반환	union(배열1, 배열2)	배열1,2 합집합
intersection	배열의 교집합 반환	intersection (배열1, 배열2)	배열1,2 교집합

추가로, 배열에 중복된 값이 존재하는 경우 union 함수를 사용하면 유일한 값만 반환할 수 있다.
배열에 "나" 값이 두 번 입력되어 있다. union 함수에 vlist 변수를 두 번 입력하면 "나"가 한 번만 저장된다.

union(variables('var'), variables('var'))

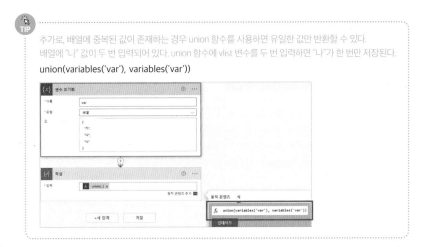

작업 실패 처리와 범위 작업

숫자를 0으로 나누는 작업은 에러가 발생한다. 예기치 못한 상황으로 작업 흐름이 실패했을 경우 다음과 같이 실패에 대한 프로세스를 정의할 수 있다. 작성 작업을 추가한 후에 에러가 발생하는 수식을 입력한다.

div(3, 0)

흐름이 실패한 경우 담당자에게 알려주기 위해 [메일 보내기] 동작을 추가한다. 그리고 ①더 보기 메뉴의 ②[다음 시간 이후 실행 구성] 메뉴를 누른다.

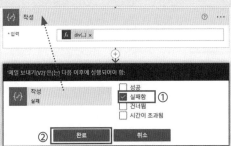

이전 단계인 [작성]이 실패하면, 메일 보내기 위해서 ① [실패함]을 선택하고 ②[완료] 버튼을 누른다.

참고로, [시간이 초과됨] 옵션을 선택하면 일정 시간이 초과되면 이후 흐름에서 로직을 다르게 구성할 수 있다. 긴급한 승인이 필요한 경우 1일이 지나면 대리인에게 승인요청을 하는 등에 적용할 수 있다. [메일 보내기] 동작의 [설정]메뉴를 선택하면 지속시간을 설정할 수 있다. P1D는 1일을 의미하며, 자세한 사항은 3장 14절의 조금 더 알아보기 Do until 한도 변경에서 소개한다.

흐름을 실행하고 메일이 정상적으로 전달되는지 확인해보자. 실패 시 흐름을 종료하기 위해서 [컨트롤]→[종료] 작업을 추가하고, 메시지에 현재 흐름의 이름을 반환하는 workflow() 함수를 넣어보자.

workflow().tags.flowDisplayName

해당 함수는 JSON 형태의 값을 반환한다. 다음 절에서 JSON 속성에 대해서 설명한다.

여기서 문제점이 하나 있다. 첫 번째 단계의 나누기 작업이 성공적으로 진행된 경우는 이후 단계를 정상적으로 진행해야 한다. 즉, 메일 보내기와 종료 작업은 작업 실패 시에만 실행하고, 이후 단계는 정상적으로 실행되게 해야 한다. 이렇게 여러 개의 작업을 하나의 그룹으로 묶기 위해서 [범위] 작업을 사용한다. 새 단계를 추가해서 [컨트롤]의 [범위] 작업을 선택한다.

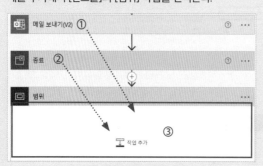

①[메일 보내기]와 ②[종료] 작업은 드래그 앤 드롭으로 [범위] 작업 안으로 이동하자. 또는 ③[작업 추가] 메뉴를 새로운 작업을 삽입할 수 있다.

두 개의 작업이 [범위] 작업 안으로 포함된 것이 확인된다. 여러 개 범위가 필요한 경우는 각 범위의 이름 바꾸기 메뉴를 이용해서 흐름의 가독성을 높여주는 것이 좋겠다.

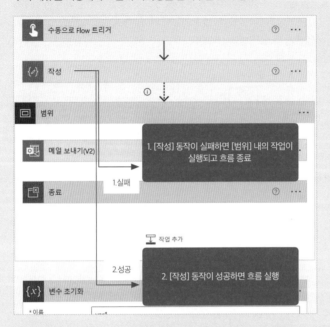

그리고, 첫 번째 나누기 작업을 다음과 같이 정상적으로 수행되도록 변경하면 작업이 성공하기 때문에 [범위] 작업은 건너뛴다.

div(3, 1)

마지막 작업인 변수 초기화의 [다음 시간 이후 실행 구성] 메뉴에서 이전 단계인 범위 작업을 [건너뜀] 설정해야 한다. 선행 작업의 성공과 실패 여부에 따라서 흐름을 분기해야 하는 경우는 **순차적인 작업 보다는 병렬 분기를 설정하는 것이 효율적**이다.

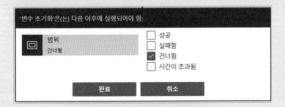

병렬 분기 추가하기

01 작업의 성공과 실패 로직을 병렬로 분기해서 추가할 수 있다. 당연히, 병렬 분기는 여러 명에게 승인을 받아야 하는 것과 같은 병행 작업이 가능한 많은 자동화 케이스에 활용할 수 있다. 작업 추가 아이콘을 누른 후에 [병렬 분기 추가] 작업을 선택한다.

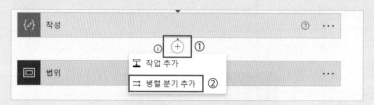

02 기존 [범위]작업과 동일한 레벨의 [범위2]가 신규로 추가된다. 각 범위 이름을 아래와 같이 변경하자.

03 그리고, [다음 시간 이후 실행 구성] 메뉴에서 각각 선행 작업 [실패함]과 [성공]으로 설정한다.

11
개체 변수

11.1 개체변수와 JSON

실행 영상 보기
https://youtu.be/XXAXj7CnELA

개체(Object) 타입 변수는 속성(Key)과 값(Value)을 쌍으로 가지는 구조이다. 값을 입력할 때는 JSON을 이용해 중괄호 { }를 이용한다. 즉, 개체는 속성과 값을 가지는 변수이고, **JSON은 개체 변수를 표현하는 방식**이다. 예를 들어, 다음 엑셀의 첫 번째 행을 사용자 개체 변수로 생성하려면 다음과 같이 기술한다. 신규 흐름을 생성해서 개체 변수를 정의해 보자.

{"학번":"10001", "이름":"김철수"}

TIP

JSON은 대부분의 프로그래밍 언어에서 데이터를 교환하는 공통 양식으로 사용된다. 특히, 파워 오토메이트는 커넥터를 통해서 타 시스템과 연결해서 자동화를 구현한다. 이때 JSON 형식이 사용되기 때문에 JSON 구조와 원리를 이해하는 것은 매우 중요하다.

개체 변수에서 '학번' 속성만 출력하려면 다음과 같이 2가지 방법으로 기술할 수 있다. 일반적으로 첫 번째 방식을 많이 사용한다. [데이터 작업]→[작성] 동작을 추가해서, 학생 이름을 가져와보자.

1. variables('student')['이름']

2. variables('student').이름

actions 명령어 알아보기

Actions 명령어를 이용하면 이전 작업 단계의 변숫값을 가져올 수 있다. 공백은 다음과 같이 '_' 기호를 이용해야 한다. [데이터 작업]→[작성] 동작을 추가해서 다음 수식을 입력해보자.

actions('변수_초기화')

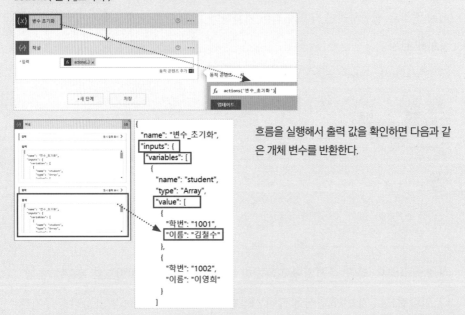

흐름을 실행해서 출력 값을 확인하면 다음과 같은 개체 변수를 반환한다.

변수 초기화 단계의 개체 변수에서 이름 속성값 "김철수"를 가져오려면 다음과 같이 기술해야 한다. 이렇게 복잡한 구조의 개체 타입은 [JSON 구문 분석] 작업을 이용해서 필요한 데이터만 추출한다. 이번 절의 "조금 더 알아보기: JSON 구문 분석하기와 중첩 배열 구조"에서 소개한다.

actions('변수_초기화')['inputs/variables'][0]['value'][0]['이름']

흐름을 실행해서 "김철수" 이름이 출력되는지 확인해보자.

셰어포인트 목록에서 항목을 가져오는 작업 등에서 리스트 결과값을 가져오려면 다음과 같이 기술한다. 이 해가 되지 않는다면 4장 17절 셰어포인트 목록 생성하기 절을 읽고 난 후에 다시 학습해보도록 하자.

actions('sharepoint').outputs.body.value

11.2 배열과 개체

2개 행으로 이루어진 데이터를 **배열 개체**로 만들려면 대괄호 [ ]를 사용하면 된다. 배열 변수의 개별 라인이 **개체 타입 변수**로 만들어진다.

[{"학번": "1001", "이름": "김철수"}, {"학번": "1002", "이름": "이영희"}]

배열의 첫 번째 개체 변수의 이름을 출력하려면 다음과 같이 기술한다. [작성] 동작을 추가해서, 첫 번째 학생의 이름을 가져와보자.

variables('student')[0]['이름']

variables('student')[0].이름

> **TIP** 배열 개체에 데이터 라인이 많을 경우는 반복 구문을 수행하면서 개별 라인의 값을 처리한다. 반복 구문은 기본 기능 배우기 - 문법편에서 자세히 설명하도록 하자.

11.3 개체의 중첩 구조

개체는 중첩 구조로 구성될 수 있다. 예를 들어, 김철수 학생은 성별과 생일과 같은 개인 신상 정보를 **하위 개체**로 포함할 수 있다. [변수 초기화] 작업을 추가한 후에 개체 타입을 설정하고 중첩 구조의 JSON을 입력해서 확인해보자.

JSON	개체 변수

{
  "학번": "1001",
  "이름": "김철수",
  "정보": {
       "성별":"남자",
       "생일":"20020102"
    }
}
	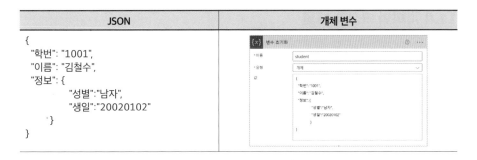

김철수 학생의 중첩구조로 구성된 생일 정보를 출력하려면 다음과 같은 방법으로 작성한다. [작성] 동작을 추가해서, 학생의 생일을 가져와보자.

variables('student')['정보/생일']

variables('student')['정보']['생일']

variables('student').정보.생일

구조가 복잡할 수록 여러 개의 하위 개체를 포함하는 중첩구조를 가진다. 예를 들면, 생일은 '년도/월/일'의 세부 정보로 다시 구분할 수 있다.

JSON	개체 변수

{
  "학번": "1001",
  "이름": "김철수",
  "정보": {
       "성별":"남자",
       "생일": {
           "년도":"2002",
           "월":"01",
           "일":"03"
        }
    }
}
	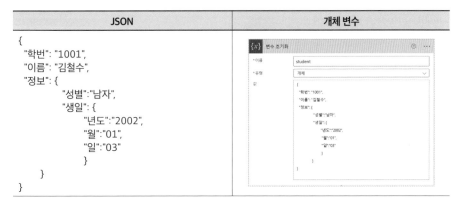

[작성] 동작을 추가해서 다음 수식의 결과를 확인하면 생일의 년도 "2002"가 출력된다.

variables('student')['정보']['생일']['년도']

11.4 개체의 속성과 배열

개체의 구성 항목은 배열을 가질 수 있다. 한 학생이 여러 개의 취미를 가질 수 있는 경우로 설명할 수 있다.

JSON	개체 변수

{
　"학번": "1001",
　"이름": "김철수",
　"취미": [
　　　　"테니스",
　　　　"축구"
　　　　]
}
	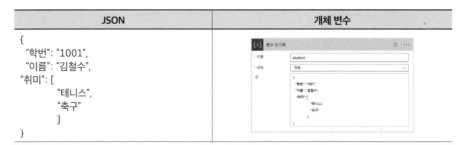

김철수 학생의 취미 속성 중에서 첫 번째 취미를 가져오려면 다음과 같이 기술한다. [작성] 동작을 추가해서, 학생의 취미를 가져와 보자.

variables('student')['취미'][0]

11.5 개체의 속성 배열과 중첩 구조

앞서 설명했듯이, 개체의 구성 항목은 배열을 가질 수 있다. 그리고, **배열의 한 라인은 개체 구조를 형성**할 수 있다.

JSON	개체 변수

{
　"학번": "1001",
　"이름": "김철수",
　"자격증": [
　　　　{
　　　　　"코드":"C001",
　　　　　"내역":"정보처리기사"
　　　　},
　　　　{
　　　　　"코드":"C002",
　　　　　"내역":"정보보안기사"
　　　　}
　　　　]
}
	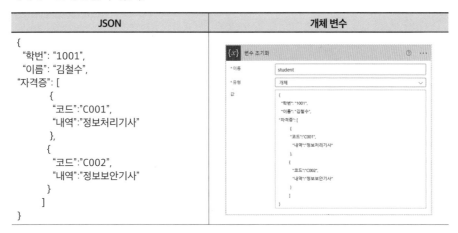

예를 들면, 김철수 학생은 여러 개의 자격증을 가지고 있으며, 자격증은 코드와 내역으로 구성된 개체 타입이다.

김철수 학생의 첫 번째 자격증 내역을 가져오려면 다음과 같이 기술한다. [작성] 동작을 추가해서, 학생의 첫 번째 자격증 정보를 가져와보자.

variables('student')['자격증'][0]['내역']

11.6 JSON 구문 분석하기

복잡한 중첩 구조의 개체에서 하위 속성을 추출하는 것은 다소 복잡하다. 하지만, **JSON 구문 분석(Parse) 작업을 이용하면 개체 구조를 쉽게 분석**할 수 있다.

이번에는 김철수 학생의 태어난 연도를 구하는 작업을 [JSON 구문 분석] 동작으로 구현해보자.

01 ①개체 타입의 변수를 생성하고, ② [데이터 작업]→[JSON 구문 분석] 동작을 추가한다.

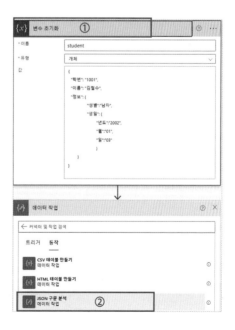

02 ①콘텐츠는 student 변수를 선택하고, ②스키마의 [샘플에서 생성] 버튼을 눌러서 1단계의 ③ JSON을 샘플로 입력한다.

03 생일 연도를 저장할 변수를 하나 더 추가한다. 값 항목에 ①동적 콘텐츠 리스트에 [JSON 구문 분석]이라는 항목이 생성되어 있다. 객체를 분석해서 속성별로 분해하여 쉽게 개별 속성을 추출할 수 있다. ②해당 리스트에서 [년도]를 선택한다.

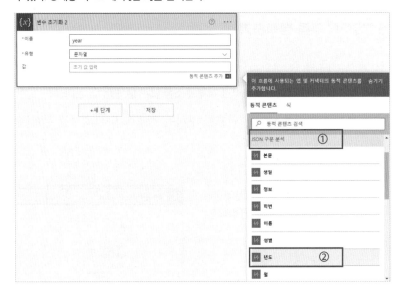

04 흐름을 실행해서 year 변수에 학생의 출생 연도가 정상적으로 출력되는지 확인해보자.

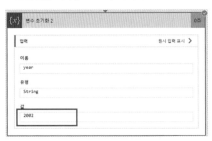

JSON 구문 분석하기와 중첩 배열 구조

중첩 구조 배열에서 자격증 코드 리스트만 출
력해보자.

①[작성] 동작을 추가하고 값에 ②JSON 구문 분석 결과의 코드를 입력한다. 이때 자격증은 배열이기 때문
에 ③자동으로 [각각에 적용]이라는 반복 구문 안에 포함된다. 물론, 변수에 저장하길 원하면 [변수 초기화]
작업을 선언하고 진행하면 된다. 단, [변수 초기화] 작업은 반복 구문 안에 존재할 수 없다. 만약 이해하는 데
어려움이 있다면, 기본 문법편을 학습한 후 다시 학습하는 것이 좋다. 기본 문법을 이해하면 보다 복잡한 문
제를 해결하는 실마리를 찾을 수 있다. 이론적인 부분을 이해한 후 실제로 흐름을 작성하며 연습해보는 것
이 중요하다.

흐름을 실행하면, ①자격증 코드가 출력된다. 배열의 2번째 자격증 코드를 확인하려면 ② [다음] 버튼을 누르면 된다.

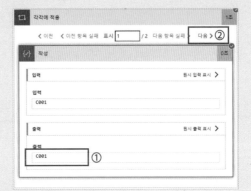

중첩 구조 배열에서 **자격증 정보만 별도로 배열로 추출**할 수 있다. 여러 개의 학생 자격증 정보를 저장할 변수를 생성한다. 유형은 배열을 선택하고, 값 항목에는 자격증을 입력한다.

그리고, 김철수 학생은 2개의 자격증을 가지고 있기 때문에 반복 구문을 넣어서 다시 JSON 구문 분석을 하고, 자격증 코드를 추출할 수 있다.

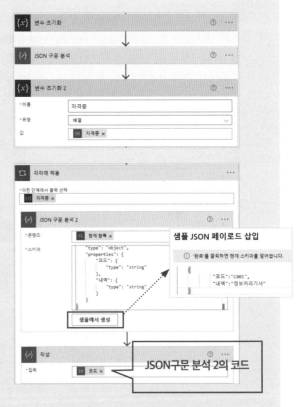

또한 자격증 배열에서 C001 코드의 자격증만 추출하려면 [배열 필터링] 작업을 추가하면 된다. 즉, 배열과 개체 구조에서 원하는 데이터를 추출하기 위해서는 배열 필터링 기능을 사용할 수 있다. [데이터 작업]→[배열 필터링] 동작을 추가해서 ①필터링할 배열에는 자격증을 선택하고, ②값 선택에는 코드를 입력한다. 그리고 추출하려는 ③데이터의 자격증 코드를 넣으면 해당 조건에 해당하는 결과가 배열로 저장된다.

참고로, ④[고급 모드에서 편집] 메뉴를 선택하면 조건식을 직접 작성해서 넣을 수 있다.

예를 들어, 'C001'과 'C002' 2개의 OR 조건을 추가하면 다음과 같이 수식을 기술할 수 있다.

@OR(equals(item()?['코드'], 'C001'), equals(item()?['코드'], 'C002'))

흐름을 실행해서 테스트해 보자. 자격증 코드가 'C001'인 데이터 1건만 추출되어서 배열로 출력되는 것을 확인할 수 있다.

프로그래밍의 기본 골격은 If 조건문과 같은 논리적인 기능들로 구성되어 있다. 파워 오토메이트의 논리 함수는 엑셀에서 사용하는 함수 수준의 이해도면 충분하다. 처음 파워 오토메이트를 접하면 메뉴 하나하나가 낯설다. 마치, 어릴 적 새로운 동네로 이사하면 골목 골목이 낯설었던 것처럼, 논리적인 절차를 구성하는 과정도 어렵기보단 생소한 것일 뿐이다. 하루 이틀 지나고 여기저기 배회하다 보면, 목욕탕과 슈퍼도 발견하고 버스 정류장으로 가는 지름길도 만나게 된다. 방향과 위치가 머릿속에 그려져야 비로소 우리 동네처럼 느껴진다. 파워 오토메이트에 익숙해지려면 머리보다 손이 부지런해야 한다. 이렇게 바꿔보고 저렇게 적용해보면서 친해지려는 노력을 반복해야 한다. 전체 과정이 이해되면, 그 다음부터는 순서도를 그리듯이 자동화 흐름을 하나씩 연결하면 된다.

3 장

기본 기능 배우기
- 문법편

If 조건문 이해하기

실행 영상 보기
https://youtu.be/GvgkmHTWIRI

조건문은 주어진 조건에 따라서 프로그램의 순서를 제어하거나 다른 로직으로 분기하도록 한다. **If 구문은 프로그래밍의 논리적 구조를 구성하는 기본 골격**이다. 조건문은 참과 거짓의 경우를 기준으로 서로 다른 명령을 실행하도록 한다. 기본적인 프로그래밍 언어로서 역할을 하려면 변수를 적절히 사용하고 조건문을 구현할 수 있어야 한다.

이번 실습에서는 사용자가 입력한 조건에 따라서 다른 결과를 화면에 표시하는 방법을 알아보자. 사용자가 100점을 입력하면 A+ 학점, 99~90점을 입력하면 A 학점 이외는 B 학점을 출력하는 간단한 시나리오로 진행한다. 먼저, [인스턴트 클라우드 흐름]을 작성한다.

01 수동으로 Flow 트리거에 [입력 추가] 메뉴를 눌러서, 번호(숫자) 타입의 파라미터를 추가한다.

02 조건문을 구현하기 위해 [컨트롤] → [조건]을 추가한다.

03 ①값 선택에 1단계에서 입력한 학점을 선택한다. ②조건은 [다음과 같음]을 선택하고 ③비곳값인 100점을 입력하자.

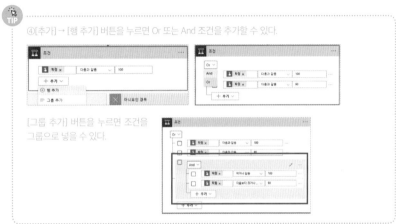

④[추가] → [행 추가] 버튼을 누르면 Or 또는 And 조건을 추가할 수 있다.

[그룹 추가] 버튼을 누르면 조건을 그룹으로 넣을 수 있다.

04 학점이 100점이면 A+학점을 부여하기 위해서, [작성] 동작을 추가해서 "A+"를 입력한다.

05 이번에는 학점이 90점~99점 사이는 A학점을 설정하기 위해서 <아니요인 경우>에 [조건] 동작을 추가해 조건식을 입력한다.

06 <예인 경우>는 A 학점, <아니요인 경우는> B학점을 입력한다.

07 흐름을 실행해서 점수별로 학점이 조회되는지 확인해보자. 예를 들어, 90점을 입력하면 출력에 A 가 조회된다.

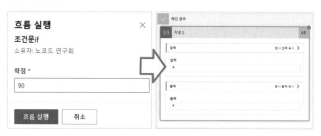

부울 타입 변수(Boolean Type)

조건문의 결과는 항상 참과 거짓 2가지 중 하나이다. 이와 같이 참(True)과 거짓(False)만 표현하는 것을 부울 타입(Boolean Type) 변수라 한다. 간단한 실습을 통해서 부울 타입을 이해해 보자. 인스턴스 흐름을 만든 후에 부울 타입의 변수를 생성하고 초깃값은 true로 설정한다.

[변수 설정] 동작을 추가해서, equals 함수에 다른 값을 2개 넣어서 false 값을 저장하도록 입력한다.

흐름을 테스트해보면, 부울 변수 var에 equals 함수의 결과인 false가 반환된다.

Switch 분기문 이해하기

실행 영상 보기
https://youtu.be/8hjPeD4xhEE

로직을 제어하는 분기문인 전환(Switch) 구문도 프로그래밍 언어에서 많이 사용한다. 전환 구문은 만약(If) 조건문과 비슷한 기능을 수행하기 때문에 혼용해서 활용하기도 한다. 일반적으로 **3개 이상의 정해진 값 중에서 분기해야 하는 논리 구조에는 전환 구문을 더 많이 사용**한다. 특히, 파워 오토메이트에서 조건문(If)은 참과 거짓에 따라서 로직이 분기되기 때문에 3개 이상의 조건에서는 분기하는 로직이 복잡해지고 가독성이 떨어진다. 예를 들어 A, B, C와 같이 정해진 학점마다 다른 로직을 적용해야 할 때는 전환 구문이 효율적이다.

조건문(IF)	분기문(Switch)
If 학점 = 'A' 참　　　거짓	Switch 학점 Case 'A'
If 학점 = 'B' 참　　　거짓	Case 'B
If 학점 = 'C' 참　　　거짓	Case 'C

전환 구문을 이용해 학점을 입력하면 학점에 해당하는 메시지를 출력하는 흐름을 구현해 보자.

학점	메시지 출력
A	최고 점수입니다.
B	조금 더 노력이 필요합니다.
C	분발이 필요합니다.

01 [인스턴트 클라우드 흐름]을 생성하고, 입력 파라미터 학점을 생성한다. 그리고, [컨트롤] → [전환] 동작을 추가한다.

02 Switch 작업의 설정 옵션에 1단계에서 추가한 학점을 선택한다.

03 첫 번째 케이스의 ①같음 설정에 'A'를 입력하고, [작업 추가] 버튼을 눌러서 ②작성 작업에 '최고 점수입니다'라는 문구를 입력하고 저장한다. ③Switch 분기문은 케이스에 해당되지 않는 경우의 기본값이 디폴트로 추가된다.

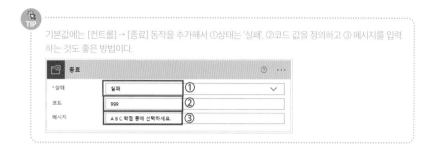

기본값에는 [컨트롤] → [종료] 동작을 추가해서 ①상태는 '실패', ②코드 값을 정의하고 ③ 메시지를 입력하는 것도 좋은 방법이다.

04 [사례 추가] 아이콘을 눌러서 케이스(사례)를 삽입한다.

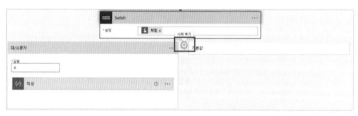

05 두 번째 케이스의 ①같음 설정에 'B'를 입력하고, [작업 추가] 버튼을 눌러서 ②[작성] 동작에 문구를 입력하고 저장한다. C학점에 대한 작업은 각자 추가한다.

06 흐름을 테스트해서, 학점 'B'를 입력하고 결과를 확인해보자.

흐름 내보내기 및 가져오기

파워 오토메이트 흐름을 내보
내기(Export) 한 후에 가져오기
(Import)가 가능하다. 물론, **흐름
을 조직 내의 다른 사람과 공유하는
기능은 기본으로 제공**된다. 파워
오토메이트 메뉴 [내 흐름]에서
흐름을 선택하고 [내보내기] →
[패키지(.zip)]를 선택해서 내보
내기 한다.

①내보내기를 할 파일의 이름
을 입력하고, ②[다운로드] 버
튼을 누른다.

내보내기를 한 흐름을 [가져
오기] 메뉴를 이용해서 다시
import 할 수 있다. ①[가져오
기] → ②[패키지 가져오기] 메
뉴를 선택한다.

앞서 ①내려받은 Zip 패키지 파일을 선택하고 업로드한다. ② [가져오기] 버튼을 누른다.

조 금 더
알아보기

SWITCH라는 이름의 흐름이 이미 존재하기 때문에 에러 아이콘이 조회된다. 작업 아이콘을 눌러서 새로운
이름으로 IMPORT 해보자.

①설정에 [새 항목으로 만들기]를 선택하고, ②리소스 이름
을 변경해서 저장한다.

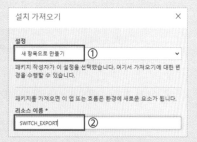

흐름이 Import 된 것을 확인할 수 있다.

Do Until 반복문 이해하기

실행 영상 보기
https://youtu.be/9MEZPHt9jt8

반복문은 어떤 조건을 만족하거나 **일정한 횟수만큼 반복 수행이 필요할 때 사용하는 제어 구문**의 한 종류이다. 조건문과 함께 프로그램의 논리적 절차를 구현하기 위한 필수 구문에 속한다. 특히 반복적인 수작업을 자동화해야 하는 RPA에서 반복문의 중요성은 두말할 나위가 없다. 반복문은 언어마다 여러 가지 방법을 사용하는데, 파워 오토메이트에는 다음 2가지 반복 구문이 있다.

반복 조건(Do until)	각각에 적용(Apply to each)
어떤 조건이 거짓이 될 때까지 반복	배열과 같은 변수에 값이 존재하지 않을 때까지 반복 수행

먼저, **어떤 조건이 거짓(False)이 될 때까지 반복하는 Do until 반복문**에 대해서 알아보자. 숫자형 변수를 이용해서 3번 반복하는 흐름을 만들어본다.

01 [인스턴트 클라우드 흐름]을 생성하고, 숫자형 변수에 초깃값 0을 할당한다.

02 반복을 수행하기 위해서 [컨트롤] → [Do Until] 동작을 추가한다.

03 ①값 선택 항목에 변수 idx를 입력하고, ②비교 조건은 '다음과 같음', ③조건 값은 3을 설정한다.
조건에는 <포함>, <포함 안 함> 등 다양한 옵션이 존재한다.

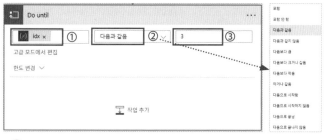

> **TIP**
>
> [Add a Note] 메뉴를 선택하면, 작업이 어떠한 기능을 하는지 설명을 추가할 수 있다.
>
>
>
> 작업을 쉽게 이해할 수 있도록 주석을 기술하면 된다.

04 반복 구문 안에서 변수 idx가 1씩 증가
하도록 [변수] → [변수 증가] 동작을 추
가한다.

> **TIP**
>
> [예약] → [지연] 동작을 반복문 안에
> 넣으면 반복을 수행할 때마다 지연
> 시간을 설정할 수 있다.
>
>

05 흐름을 생성해서 반복구문이 3번 실행하는지 확인해보자. ①[다음] 버튼을 누르면 ②변수 idx 값이 1씩 증가되어 마지막 반복 구문에서 3으로 설정되어 있다.

Do until 한도 변경

Do until 동작의 한도 변경 옵션을 클릭해보면, 기본적으로 60번 반복횟수와 반복 시간이 제한되어 있다. 다음과 같이 비교 조건 값을 100을 입력하더라도 한도 개수가 60개로 기본 설정되어 있기 때문에 60번만 반복된다. 자동화 유형에 맞게 반복 횟수와 시간을 조정해서 설정해야 한다.

시간 제한에 입력된 PT1H 기호는 다음표를 참고한다.

기호	의미	예
P	Period	기간 앞에 기술
T	Time	시간, 분, 초에 사용
M	Months	P2M : 2개월
D	Days	P3D : 3일
H	Hours	PT3H : 4시간
TM	Minutes	PT4M : 4분
S	Seconds	PT5S : 5초

각각에 적용 반복문 이해하기

[각각에 적용] 반복문은 **배열과 같이 여러 행을 가지는 데이터를 하나씩 추출해서 반복**할 때 유용하게 활용한다. 예를 들어, 학생 이름을 가

실행 영상 보기
https://youtu.be/DoV2_5b_J6s

지는 배열에서 첫 번째 학생부터 차례대로 데이터를 추출하려면 각각에 적용 반복문을 사용해야 한다. 엑셀 파일의 이름 칼럼에 2명의 데이터가 있는 경우로 설명하면 쉽게 이해할 수 있다. 각각에 적용은 한 행씩 뽑아서 아이템(현재 항목)이라는 변수에 저장한다.

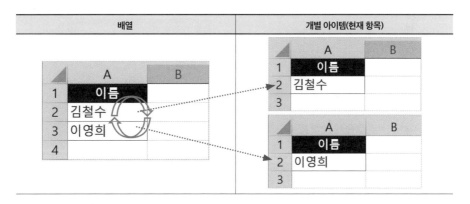

15.1 배열 변수와 각각에 적용

먼저, 학생 이름만 가지는 배열 변수를 만든 후에 각각에 적용 반복문을 사용해보자.

01 [인스턴트 클라우드 흐름]을 생성하고, 2명의 이름을 가지는 배열 변수를 생성한다.

["김철수", "이영희"]

[변수] → [배열 변수에 추가] 동작을 이용해서 배열에 값을 추가로 넣어서 실습해도 좋다.

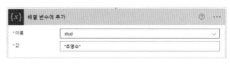

02 [컨트롤] → [각각에 적용] 동작을 추가한다.

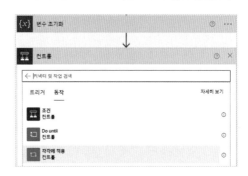

03 출력 선택 필드에 앞서 생성한 배열 변수 stud를 선택한다.

04 [데이터 작업]->[작성] 동작을 추가한 후에 [각각에 적용] 반복문 내에서 각 행을 추출해서 현재 행을 저장하고 있는 [현재 항목]을 입력한다.

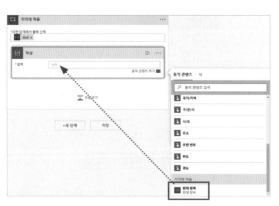

05 흐름을 실행해서 배열 변수의 각 행이 하나씩 추출되는지 확인해보자.

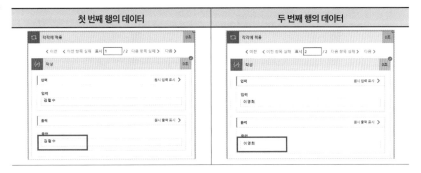

첫 번째 행의 데이터	두 번째 행의 데이터

15.2 개체 배열 변수와 각각에 적용

이름과 학번의 열을 가지는 테이블(개체 배열 구조)을 [각각에 적용] 반복문을 사용해서 한 라인씩 빼내서 아이템(현재 항목)에 저장할 수 있다.

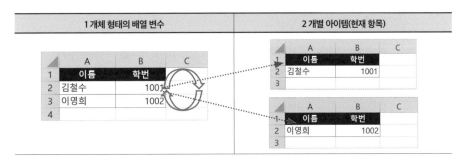

1 개체 형태의 배열 변수	2 개별 아이템(현재 항목)

01 인스턴트 클라우드 흐름을 생성하고, 2명의 이름을 가지는 개체 배열 변수를 생성한다.

```
[
  { "이름":"김철수", "학번":"1001" },
  { "이름":"이영희", "학번":"1002" }
]
```

02 이후 단계는 배열 변수에서 실습했던 것과 동일하게 [각각에 적용]과 [작성] 동작을 추가한다.

03 흐름을 실행해서 현재 항목에 저장된 데이터를 확인해보자.

첫 번째 행의 데이터	두 번째 행의 데이터
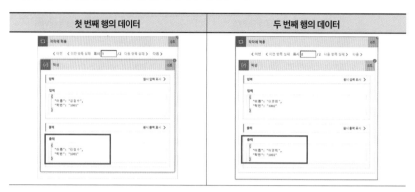	

각각에 적용 반복문 동시성 적용

[각각에 적용] 반복문은 기본적으로 순차적으로 수행한다. 동시성을 적용하면 병렬로 반복을 수행할 수 있다. 해당 기능은 반복 구문의 성능을 향상시킬 수 있다는 장점이 있다.

[각각에 적용] 동작의 ①더 보기 아이콘을 누르고, ②[설정] 메뉴를 선택한다.

①동시성 제어 옵션을 활성화하고, ②병렬 처리 수준을 설정할 수 있다.

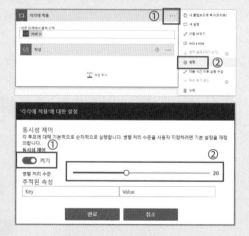

POWER
AUTOMATE
CLOUD

POWER
AUTOMATE
CLOUD

본격적으로 업무에 활용할 수 있는 파워 오토메이트 자동화 예제들을 만들어 보자. 실무에서 사용되고 있거나 적용 가능한 사례들을 정리하였다. 실무 활용 기본편에서는 자동화 흐름에서 사용되는 기본적인 파워 오토메이트 기술, 클라우드 저장공간인 셰어포인트와 원드라이브 그리고 SNS(Social Network Service)와 연동하는 방법을 소개하는데 중점을 둔다.

4 장

실전 활용 - 기초편

원드라이브에 저장된 엑셀 파일에
데이터 생성하기

실행 영상 보기
https://youtu.be/DnV3SRRduG4

파워 오토메이트는 클라우드 환경의 원드라 이브 및 셰어포인트에 저장되어 있는 엑셀 파일에 데이터를 생성하고, 변경하고, 삭제하 는 기능을 지원한다.

사무직원이 가장 많이 활용하는 프로그램은 엑셀이라는 것에 이견이 없을 것이다. 업무 자동화에 엑셀은 빼놓을 수 없는 단골 손님이다. 엑셀 작업은 주로 개인 업무와 관련이 있을 개연성이 높기 때문에, 파워 오토메이트 데스크톱을 활용하는 것을 권장한다. 앞서도 얘기했지만, 파워 오토메이트 클라우드(DPA)는 개인 업무 자동화 보다는 기업 프로세스 자동화에 중점을 두고 있다. RPA는 기본적으로 사용자 컴퓨터에서 작동되며, 사용자가 응용 프로그램을 실행하는 반복 작업을 재현하면서 자동화한다. 반면에 클라우드 환경에서의 DPA는 사용자의 환경과 시간에 관계없이 업무 프로세스를 자동화할 수 있다. 이를 통해 기업은 업무 효율성을 높일 수 있다.

01   파워 오토메이트 웹사이트에서 ①와플 버튼을 누른 후에 ②OneDrive 아이콘을 눌러서 원드 라이브 클라우드 환경으로 이동한다.

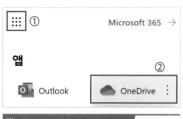

02   ①[신규] 메뉴를 누르고, ②[Excel 통합 문서] 메뉴를 선택해서 엑셀 파일을 생성하자.

03 학번과 이름을 열로 가지는 데이터 2건을 생성한다. ①모든 데이터를 선택하고, ②메뉴: [삽입]에서 ③[테이블] 메뉴를 클릭한다.

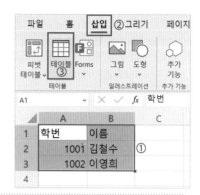

TIP 엑셀 파일에 추가한 테이블은 데이터베이스의 테이블과 유사한 역할을 한다. 파워 앱스에 엑셀 표를 업로드하면 코드 한 줄 없이 모바일 앱을 만들 수 있다. 파워 앱스에 대한 상세 내용은 저지진이 편찬한 코드한 줄 없이 시작하는 Microsoft 파워 앱스를 참고하자.

04 '표에 머리글이 있습니다' 옵션을 체크하고 [확인] 버튼을 누른다.

05 ①메뉴: [표 디자인] 메뉴를 선택하고, ②'표1'이라고 입력된 테이블의 이름을 확인한다. "student"라는 이름으로 변경해서 가독성을 높이는 것이 좋다.

TIP 엑셀 파일을 생성하고 테이블을 정의하는 과정은 윈도우 환경에서 엑셀 프로그램으로 진행해도 무관하다. 단, 파일은 원드라이브 폴더에 저장해야 한다.

06 엑셀 파일 이름을 "학생리스트"로 변경해 보자. ①'통합 문서1'을 클릭한 후에 ②파일 이름을 입력한다.

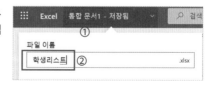

07 파워 오토메이트 사이트로 이동해서 [인스턴트 클라우드 흐름]을 생성한 후에 "학번", "이름" 2개 입력 파라미터를 추가한다.

08 흐름을 실행하면 7단계에서 추가한 학번과 이름을 엑셀 파일에 저장하기 위해서, [Excel] → [테이블에 행 추가] 동작을 추가한다.

09 ①원드라이브에 저장된 엑셀 파일과 테이블을 선택한다. 그리고, ②학번과 이름에 입력 파라미터를 각각 입력한다.

10 흐름을 실행해서 학번과 이름을 입력하면, 원드라이브의 엑셀 파일에 데이터가 생성된다.

원드라이브 엑셀 파일의 데이터 변경하기

원드라이브 엑셀 파일의 데이터를 변경하는 방법에 대해서 알아보자. 먼저, 이번 절에서 실습한 흐름을 다른 이름으로 저장한다.

[테이블에 행 추가] 동작은 삭제하고, [Excel] → [행 업데이트] 동작을 추가한다.

원드라이브에 있는 ①엑셀 파일 정보를 기술한다. ②키 열은 "학번"을 선택하고

"키 값"은 사용자가 입력한 "학번"을, ③이름에는 사용자가 입력한 "이름"을 넣는다.

흐름을 실행해서, 학번 "1003"의 이름이 "조영수"에서 "박영수"로 변경되는지 확인해보자.

추가로, [테이블에 있는 행 나열] 동을 추가하면 엑셀 테이블의 여러 행 데이터를 가져온다.

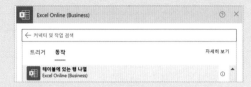

엑셀 데이터에 학번이 "1001"인 조건의 필터 조건을 추가하려면 다음과 같이 넣을 수 있다.

학번 eq '1001'

학번이 "1001"과 같지 않은 경우는 ne 기호를 사용한나.

학번 ne '1001'

성이 "이"로 시작하는 리스트를 찾으려면 다음과 같이 수식을 입력한다.

startswith(이름, '이')

이름에 "영"자가 들어간 데이터를 추출하려면 다음과 같이 수식을 기술한다.

contains(이름, '영')

학생 이름을 출력하기 위해서 [데이터 작업] → [작성]을 추가하면, 자동으로 [각각에 적용] 반복문에 포함된다. 반복문 작업 안에서 [행 업데이트] 동작을 추가하면, 엑셀의 여러 라인 데이터를 변경할 수 있다. 뒤에서 자세히 설명한다.

17

셰어포인트 목록 생성하기

실행 영상 보기
https://youtu.be/kSFRQ-_r0w0

마이크로소프트 365는 기업의 데이터나 파일을 이용한 안전한 공동 작업 환경을 만드는 데 유용한 다양한 옵션을 제공한다. 셰어포인트(SharePoint)와 원드라이브(OneDrive)와 같은 클라우드 저장 공간이 대표적이다. 마이크로소프트는 셰어포인트 기능을 다음과 같이 소개한다.

- 인트라넷 사이트 빌드하기, 페이지, 문서 라이브러리, 목록 만들기
- 팀 사이트 웹 페이지를 손쉽게 생성하고 관리
- 팀 사이트와 커뮤니케이션 사이트에 중요한 시각 개체, 뉴스와 업데이트 발표하기
- 조직 내 각종 다양한 문서를 공유하고 관리
- 조직의 사이트, 파일 검색하기, 사용자 팔로우 및 검색하기
- 작업 흐름, 양식, 목록을 사용하여 업무 진척사항 관리하기
- 누구나 안전하게 공동 작업할 수 있도록 클라우드에 파일을 동기화하고 저장하기
- 모바일 앱으로 최신 뉴스 확인

많은 기업에서 셰어포인트를 인트라넷 협업 플랫폼으로 활용하고 있다. 셰어포인트는 업무와 관련된 문서와 정보를 공유하는 공동 커뮤니케이션 역할을 한다. 부서 내

또는 부서별로 구성된 멤버들이 공동 프로젝트를 위해서 셰어포인트로 정보를 공유하는 것은 아주 자연스러운 일이 되었다.

정보를 공유할 때는 사용자별로 접근 권한을 제어한다. 작업계획 보드를 만들어 담당자별로 해야 할 업무를 할당하고 일정과 진척 상황을 관리할 수 있다. 공동으로 편집해야 하는 문서는 여러 명이 동시에 접근해서 실시간으로 업데이트한다. 문서가 변경된 사항을 추적하는 파일 서버의 버전 관리 기능은 기본으로 포함되어 있다. 이외에도 셰어포인트는 기업이 효율적으로 일할 수 있는 유용한 기능들을 제공한다.

셰어포인트는 파워 오토메이트(파워 플랫폼) 입장에서 데이터를 저장하고 관리하는 데이터베이스의 임무를 수행한다. 사용자로서는 IT 개발자만 접근할 수 있었던 데이터베이스를 누구나(시민 개발자) 쉽게 관리할 수 있도록 사용자 친화적인 환경을 제공한다. 셰어포인트에 소속된 사람은 언제 어디서나 클라우드 환경에 접속해서 업무를 위한 정보를 확인하고 소통할 수 있다. 한마디로 정의하면, **셰어포인트는 조직 내 협업을 위한 클라우드(웹) 포털이다.**

기업 전반 프로세스와 관련된 재무, 회계, 판매, 생산, 구매, 품질 등의 프로세스를 데이터로 저장하고 시스템으로 구현한 것이 ERP(전사적 자원 관리: Enterprise Resource Planning) 시스템이다. 몇 십만 건 이상의 큰 데이터가 필요한 경우가 아니라면, 파워 앱스로 개별 단위 업무 화면을 개발하고 데이터는 셰어포인트에 저장하면 기업 자체의 ERP 시스템을 개발할 수 있다. 그리고 팀 내부 또는 부서별 협력이 필요한 승인과 정보공유 등의 후속 프로세스는 파워 오토메이트를 통한 업무 자동화로 효율적인 개선이 가능하다. 마이크로소프트는 SAP와 같은 회사외의 협업으로 ERP 시스템에 직접 접속하는 방법을 제공하고 있다. 기업의 주요 프로세스는 ERP를 통해서 처리하고, 이에 수반되는 업무들은 파워 오토메이트를 통해서 자동화할 수 있다. 즉, ERP에서 구매 요청을 생성하면 파워 오토메이트는 구매부서 담당자에게 구매 승인을 요청하거나 메일을 전송하는 부가적인 업무를 아주 빠르고 쉽게 자동화할 수 있다는 의미이다. 규모가 있는 시스템을 만들기 위해서는 셰어포인트 목록을 사용하기 보다는 데이터버스(Dataverse) 또는 MS SQL과 같은 데이터베이스를 파워 플랫폼과 연결해서 진행하는 것을 권장한다. 참고로, 파워 플랫폼의 데이터 저장소 역할의 Dataverse는 이전에는 CDS(Common Data Service)라는 이름으로 불렸다. Dataverse는 SQL Server 데이터베이스 기반으로 작동하지만 보안 모델, 데이터 통합 등의 추가 기능을 제공한다.

이번 절에서는 셰어포인트 사이트와 목록(리스트)을 생성한다. 그리고, 다음 절에서 목록에 휴가 신청 데이터를 신규로 생성했을 때 담당자에게 승인을 요청하는 자동화를 구현해본다.

셰어포인트를 활용해서 목록을 간단하게 만들어 보자.

01 마이크로소프트 오피스(office.com)에서 ①왼쪽 위 와플 아이콘을 클릭하고 서랍을 열어 ② [SharePoint(셰어포인트)]로 접속한다. 만약 보이지 않는다면 ③[모든 앱]을 선택한 뒤 셰어포인트 메뉴를 찾아보자.

02 셰어포인트를 활용하려면 팀 사이트를 먼저 생성해야 한다. [+ 사이트 만들기] 메뉴를 눌러 팀 사이트를 생성한다.

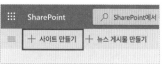

03 팀 사이트에서는 목록을 포함해서 팀 일정, 이벤트 관리, 문서 공유 등 팀 활동을 위한 다양한 기능을 활용할 수 있다. 사이트 유형 중에서 [팀 사이트]를 선택한다.

04 사이트 이름과 사이트 설명, 공개 여부, 언어를 선택한다. '전자 메일 주소 그룹화'와 '사이트 주소'는 필요에 따라서 변경한다.

05 팀 구성원을 추가하고 [마침]을 선택한다. 팀 구성원은 기업 전체 임직원이 될 수 있고, 개별 팀에 소속된 멤버로 구성할 수도 있다.

06 목록은 엑셀처럼 데이터를 관리하는 용도로 많이 활용된다. 칼럼을 사용자가 직접 생성하거나 템플릿을 이용해서 쉽게 만들 수 있다. 먼저 목록을 생성해 보자. 셰어포인트에서 [홈] 메뉴 클릭 후 ①[새로 만들기] → ②[목록]을 선택한다. 이외에도 문서 라이브러리, 페이지 등의 기능을 제공한다. 메뉴를 클릭해보면 어떤 역할을 하는지 짐작해 볼 수 있다.

07 목록의 개별 칼럼(열)을 직접 생성할 것이기 때문에 ①[빈 목록]을 선택한다. 이외에도 목록을 만들 때는 ②엑셀 파일을 업로드하거나([Excel에서]) ③기존 목록을 참고해서 생성([기존 목록에서])할 수도 있다.

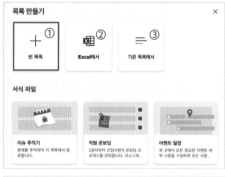

08 생성할 목록의 용도에 맞게 적절한 ①이름과 ②설명을 입력하고 ③[만들기] 단추를 눌러 생성한다.

09 목록을 생성하면 제목(Title) 열이 기본으로 생성된다. 휴가 신청 받을 목록(vacation)에 기재할 세부 항목 칼럼을 작성해보자. 실습에 사용되는 목록은 다음과 같은 열 구조를 가지게 된다.

먼저 휴가를 신청한 사람의 이름을 저장할 칼럼을 생성해보자. ①[열 추가] 메뉴를 클릭하고 ②[텍스트]를 선택해서 ③[다음] 버튼을 누른다. 열 만들기 팝업 화면이 열리면, ④열 이름과 설명을 기술하고 ⑤[저장] 버튼을 누른다.
열 이름은 영문을 사용할 것을 권장한다.

휴가 신청자는 '사용자' 유형을 선택하면, 사용자 이름과 이메일 주소 등의 기타 정보를 활용할 수 있다. 편의성을 위해서 '텍스트' 유형으로 진행하지만, '사용자'로 설정해서 실습을 진행하는 것도 좋다.

10 같은 방법으로 휴가 신청을 승인할 승인자의 이메일 주소를 저장할 열을 추가로 생성한다.

11 휴가 일자 열을 생성하기 위해서 ①[열 추가] 메뉴를 눌러서, ②[날짜 및 시간] 유형을 선택하고, ③시간 포함은 "아니요"를 설정한다.

12 휴가 신청 상태는 "신청", "승인", "반려" 3가지 상태를 가지도록 ①[열 추가] 메뉴를 눌러서, ②[선택 항목] 속성을 선택하고, ③[선택 항목]에 3가지 상태를 입력한다. 그리고 ④기본 값은 '신청'을 선택한다.

Microsoft List

셰어포인트 내에 있는 목록의 기능을 별도의 서비스로 제공한 것이 Microsoft List이다. 즉, 셰어포인트는 팀 또는 프로젝트 팀에서 정보를 공유하는 등의 그룹 업무를 위한 사이트인 반면에 Microsoft Lists는 목록 기능을 개인 사용자 친화적인 서비스로 제공하고 있다.

Microsoft List에서 목록을 바로 생성할 수 있다. 또는 개인 PC에서 Lists 데스크톱 앱을 설치해서 쉽고 빠르게 List 기능을 사용할 수 있다. Microsoft Lists 웹 사이트에서 [설치] 버튼을 눌러서 설치해보자.

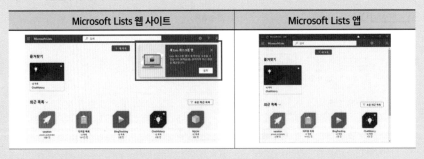

18

휴가 신청 – 승인하기

실행 영상 보기
https://youtu.be/bkYnazTckxc

파워 오토메이트 클라우드와 데스크톱의 가장 큰 차이점은 전자는 사람의 개입없이 특정한 트리거를 통해서 업무가 자동으로 실행된다는 점이다. 이것은 기업의 프로세스를 자동화하는 업무 자동화(Digital Process Automation)의 중요한 특성이다. 셰어포인트 목록의 항목이 업데이트 되거나, 원드라이브의 엑셀 파일에 데이터가 생성되었거나, 플래너(작업 진척 관리)에 새로운 작업이 등록되는 등 다양한 경우에 후속 업무를 자동으로 처리할 수 있다. 이번 절에서는 앞선 셰어포인트 목록에 휴가 신청 데이터가 신규로 생성되었을 때 담당자에게 자동으로 승인을 요청하는 자동화를 생성해보자.

01 자동화된 클라우드 흐름을 생성한다. ① 흐름 이름을 입력하고, ② [항목이 만들어진 경우]를 선택한 후에 ③ [만들기] 버튼을 누른다.

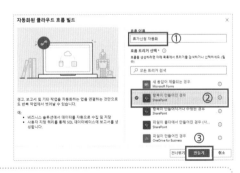

TIP 항목이 만들어지거나 수정된 경우를 선택하면, 목록에 데이터가 생성되거나 수정된 경우에 자동으로 흐름이 실행된다.

항목이 만들어지거나 수정된 경우
SharePoint

02 셰어포인트에서 항목이 만들어진 경우 흐름을 시작하는 트리거를 설정해보자. ①옵션 표시∨ 아이콘을 눌러서 앞 장에서 생성한 사이트 주소를 선택하고 ②'목록 이름'을 클릭한다.

03 [새 단계] 메뉴를 눌러서 [승인] → [승인 시작 및 대기] 동작을 추가한다.

04 해당 프로세스는 1명의 승인자만 필요하기 때문에 [승인/거부-첫 번째로 응답]을 선택한다.

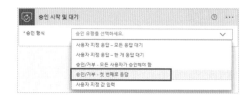

05 목록의 ①신청자(requestor)와 ②휴가 일자(vacation_date)를 선택해서 제목을 완성한다.

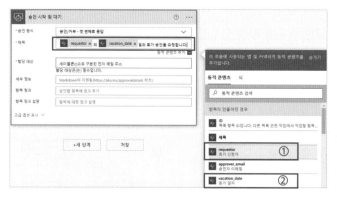

06 ① [할당 대상]에 승인자를 입력한다. 추가로, ②[항목 링크] 항목에도 셰어포인트 목록의 링크를 선택해보자.

07 [컨트롤] → [조건] 동작을 추가해서 승인 결과가 "Approve"이면 목록의 휴가 승인 상태를 "승인"
이라고 변경하는 작업을 추가하려고 한다. 거절은 "Reject"의 값을 가진다.

조금 더
알아보기

Tracked Properties

작업의 Tracked Properties 속성을 사
용하면, 작업과 관련된 변수를 숨겨서 시
스템 내부적으로만 사용할 수 있다. 예를
들어, 승인을 완료한 시간을 추적관리하
고 싶을 때 다음과 같이 설정할 수 있다.
[더 보기] → [설정] 버튼을 누른다.

추적된 속성 항목에 key 이름과 수식을
입력한다. 수식은 큰 따옴표 사이에 기술
해야 한다. 문자, 숫자, 개체 값을 직접 입
력할 수도 있다.

"@utcNow()"

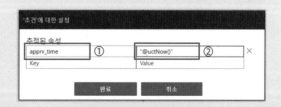

[데이터 작업] → [작성] 동작을 추가하고 actions 명령어로 '조건' 단계의 추적된 속성을 설정해보자.

actions('조건')['trackedProperties']

흐름을 실행해서 결과를 확인해보면, 승인할 때의 시간이 출력되는 것을 확인할 수 있다.

추가로, 현재 실행 중인 흐름의 이름과 같은 세부 정보를 확인하려면 workflow 함수를 활용하면 된다. [데이터 작업] → [작성] 동작에 workflow() 함수를 입력하고 실행해보자.

흐름의 id, name, type 등의 상세 정보가 출력된다.

흐름의 이름만 출력하려면 다음과 같이 [작성] 동작에 입력하면 된다.

Workflow().tags.flowDisplayName

08 승인이 <예인 경우>에 셰어포인트 목록의 상태를 업데이트 하기 위해 ① [Sharepoint] → [항목 업데이트] 동작을 추가한다. 앞 단계와 같이 사이트 주소와 목록을 추가하고, ② key 값인 ID와 제목에 항목을 입력한다. 그리고, ③상태를 "승인"으로 설정한다.

09 8단계와 같이 승인이 <아니요인 경우>는 상태를 "반려"라고 입력한다.

10 휴가 신청자에게 승인 결과를 알려주는 메일을 전송하는 작업도 추가하자. 받는 사람 항목에는 셰어포인트 목록을 만든 사람의 이메일 주소를 입력한다.

11 셰어포인트 리스트로 이동해서 [새로 만들기] 버튼으로 새 휴가 데이터 신청 항목을 생성한다.

12 휴가 신청 데이터가 생성됨과 동시에 자동화된 흐름이 실행되고, 팀즈와 메일을 통해서 휴가 승인요청이 전송된다.

TIP 첨부 파일의 링크를 클릭하면 세어포인트 목록의 아이템으로 이동한다.

13 [승인] 버튼을 누르면 요청자에게 메일이 전송되고, 셰어포인트 목록의 상태가 "승인"으로 변경된다.

14 휴가 요청자에게 메일이 전송되었는지도 확인해보자.

15 흐름 실행로그 화면에서 실행 단계와 실행 값을 확인해보자.

트리거 조건 추가하기

자동으로 흐름이 실행되는 트리거에 조건을 추가할 수 있다. 흐름의 첫 번째 단계의 더 보기 아이콘을 눌러서 설정 메뉴로 이동한다.

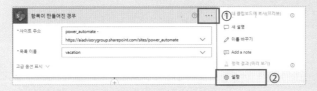

설정 화면의 하단으로 이동하면, 트리거 조건이 조회된다. [+추가] 메뉴를 눌러서 수식을 넣어보자. 예를 들어, 신청자가 "김철수"인 경우만 자동화를 실행하려면 다음과 같이 추가한다.

@equals(triggerOutputs( )?['body/requestor'], '김철수')

그리고 휴가 승인 상태가 '신청' 인 경우에만 자동화 트리거가 동작되도록 하려면 다음 수식을 트리거 조건에 설정한다. 목록에서 상태의 열 이름은 status이지만 선택 값이 존재하기 때문에 value 속성을 추가로 입력해야 한다는 점에 주의한다.

@equals(triggerOutputs( )?['body/status/Value'], '신청')

참고로, 동적 콘텐츠에서 선택할 때는 status가 아니라 status value 값을 의미한다.

제목에 "휴가"를 포함하는 목록 데이터가 생성될 경우에 트리거를 실행하려면 다음과 같이 contains 함수를 이용해 수식을 입력한다. 제목의 시스템 내부 칼럼명은 Title이다.
@contains(triggerOutputs( )?['body/Title'], '휴가')

"휴가" 또는 "외출" 글자를 포함하는 여러 조건을 넣을 경우는 다음과 같이 or를 넣어서 수식을 완성한다.
@or(
  contains(triggerOutputs( )?['body/Title'], '휴가'),
contains(triggerOutputs( )?['body/Title'], '외출')
)
"휴가" 그리고 "외출"글자를 포함하는 조건은 and를 사용하면 된다.
@and(
  contains(triggerOutputs( )?['body/Title'], '휴가'),
contains(triggerOutputs( )?['body/Title'], '외출')
)
휴가일이 현재일자보다 큰 경우에만 트리거를 발생시키려면 다음 수식을 사용한다. 크거나 같은 조건은
greaterOrEquals이다.
@greater(triggerOutputs( )?['body/vacation_date'], utcNow( ))
반대의 경우는 less와 lessOrEquals 수식을 이용한다.
@lessOrEquals(triggerOutputs( )?['body/vacation_date'], utcNow( ))

이러한 트리거 조건 값은 [작성] 동작을 임시로 추가에서 입력한 수식을 복사해서 적용할 수 있다. 단, 수식 앞에 @ 기호를 넣어야 한다.

트리거 조건은 "중요"와 "긴급"이라는 키워드가 포함된 메일 수신 시 자동화를 시작하는 경우 등 다양한 조건에 적용할 수 있다. 사용자 라이선스 타입에 따라서 일별 실행 횟수가 제한되어 있기 때문에 트리거 조건 추가를 유용하게 활용할 수 있다.

셰어포인트 목록에서
항목 가져오기

실행 영상 보기
https://youtu.be/g_JXT3TsezU

셰어포인트 목록에서 휴가 신청이 승인된 항목을 가져와서 요청자에게 휴가 승인이 완료되었다는 이메일을 보내는 자동화를 만들어 보자. 물론, 승인이 완료되면 [자동화된 클라우드 흐름]을 통해서 실시간으로 이메일을 보낼 수 있다. 셰어포인트 목록에서 데이터를 가져오는 과정을 알아보기 위해서, [인스턴트 클라우드 흐름]을 생성해서 진행한다.

01 [새 단계] 버튼을 눌러서 [Sharepoint] → [항목 가져오기(2개 이상)] 동작을 추가한다. 해당 작업은 목록에서 조건에 해당하는 데이터를 추출할 때 사용한다. IT 개발자가 데이터베이스 테이블에서 원하는 데이터를 가져올 때 사용하는 SELECT 구문과 유사한 역할을 한다.
①셰어포인트 사이트 주소와 ②목록 이름을 선택하고, ③필터 쿼리에 휴가 신청 상태가 "승인"인 데이터만 가져오기 위해서 수식(status eq '승인')을 입력한다.

02 [새 단계] 버튼을 눌러 [메일 보내기] 동작을 추가한다. ①받는 사람에 동적 콘텐츠 [만든 사람 Email]을 입력하면, 자동으로 ②[각각에 적용] 반복문에 포함된다.

03 흐름을 테스트하면, 승인된 목록 항목들을 모두 가져와 개별 요청자에게 메일을 전송한다.

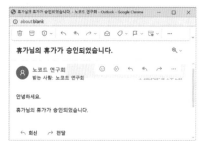

흐름 테스트 자동 옵션 사용해보기

흐름을 테스트할 때 ①자동 옵션을 선택하면, 이전에 흐름이 성공적으로 실행된 ②최근 케이스를 선택해서 실행할 수 있다.

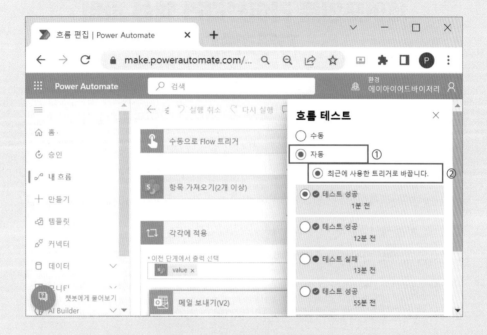

20

셰어포인트 라이브러리 엑셀 파일 자동화하기

실행 영상 보기
https://youtu.be/l1buA6UuGf4

셰어포인트 라이브러리를 사용하면 여러 사용자가 동시에 문서나 파일 업로드, 다운로드, 공유 등의 편집과 버전 관리를 할 수 있다. 각 셰어포인트 라이브러리는 고유한 특성을 가지며 각각의 라이브러리에 특정 권한을 설정할 수 있다. 셰어포인트 라이브러리는 문서 라이브러리, 이미지 라이브러리, 보고서 라이브러리, 양식 라이브러리 등 다양한 종류가 있다. 이러한 라이브러리는 업무 프로세스를 효율적으로 관리하고, 팀의 문서 관리를 편리하게 한다. 또한, 라이브러리를 사용하여 파일을 중앙에서 관리하므로, 파일의 보안과 일관성을 유지할 수 있다.

셰어포인트 라이브러리를 이용한 실습을 진행하고자 한다. 다음과 같이 학생 학점을 학생의 개별 이메일 주소로 전송하는 자동화를 만들어보자. 16절에서 실습했던 엑셀 파일에 학점과 이메일 주소 열을 추가한 후에 저장한다.

파워 오토메이트에서 셰어포인트 문서 라이브러리에 있는 엑셀 파일의 값을 불러온 후에 이메일을 보내는 작업을 추가하면 된다.

첫 번째, 셰어포인트에 접속하자.

- https://www.microsoft.com/ko-kr/microsoft-365/sharepoint/collaboration

01 17절의 셰어포인트 목록 생성하기를 참고하여 팀 사이트를 새로 생성하거나, 앞서 만든 팀사이트를 그대로 사용한다. 팀 사이트 메인 화면의 ①[새로 만들기] 메뉴에서 ②[문서 라이브러리]를 선택하면 문서 라이브러리 만들기 창이 나타난다.

02 문서 라이브러리 ①이름을 입력하고 ②[만들기] 버튼을 클릭하면 문서 라이브러리가 성공적으로 생성된다.

03 생성한 문서 라이브러리에서 ①[업로드] → [파일]메뉴를 선택하여 엑셀파일을 업로드하면 다음 그림과 같이 ②파일이 업로드 된다. 이제 파워 오토메이트에서 흐름을 통해 라이브러리 엑셀 파일을 불러오자.

04 자동화 흐름을 만들고자 파워 오토메이트 웹사이트에 접속해서 [인스턴트 클라우드 흐름]을 생성한다. [새 단계] 버튼을 클릭하여 다음 자동화 단계를 추가한다. 엑셀 파일에 있는 학생 리스트를 가져오기 위해서, ①"Excel"로 검색한 후 ②[Excel Online(Business)]를 선택하고 ③[테이블에 있는 행나열] 동작을 선택한다.

05 ①셰어포인트 사이트 위치를 선택한다. ②생성한 문서 라이브러리 이름을 선택한다. ③파일을 선택하고 ④테이블 'student'를 선택한 다음 저장한다.

06 개별 학생에게 메일을 보내기 위해 [Office365 Outlook] → [메일 보내기(V2)] 동작을 추가한다. 그리고, ①받는 사람 항목에 ②[동적 콘텐츠]의 이메일 주소를 입력하는 순간 ③자동으로 [각각에 적용] 반복문이 추가된다. 이외에 ④제목과 본문의 내용을 나음과 같이 설정하자.

07 흐름을 실행해서 3명의 학생에게 학점 정보가 이메일로 전송되는지 확인해보자.

셰어포인트 라이브러리 파일리스트 가져오기

일반적으로 셰어포인트 문서 라이브러리에는 여러 개의 파일이 존재한다. 전체 파일 리스트 정보를 가져오는 방법에 대해서 알아보자

01 [인스턴트 클라우드 흐름]을 생성하고, ①"SharePoint"로 검색한 후 ②SharePoint 커넥터를 선택하고 ③[파일 가져오기 (속성만)] 동작을 선택한다.

02 ①사이트 주소는 사용자 지정 입력을 선택한 다음 셰어포인트 사이트를 복사 붙여넣기 하거나 ✓ 아이콘으로 사이트 리스트에서 선택한다. ②라이브러리 이름은 자동으로 셰어포인트 사이트 라이브러리 값을 불러온다. 앞서 생성한 라이브러리를 선택한다. ③'항목을 폴더로 제한'에서 이전에 만든 폴더를 선택한다. 문서 라이브러리에는 여러 개의 파일이 존재할 수 있기 때문에 ④필터를 설정하면 "학생리스트.xlsx" 파일만 가져올 수 있다. 흐름을 실행하면, 문서 라이브러리에 존재하는 파일 리스트 정보(파일이름, 파일 확장자 등)를 추출한다.

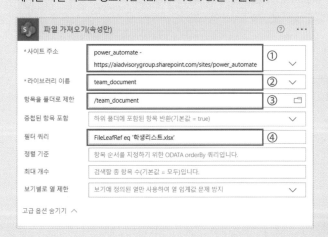

참고로, 문서 라이브러리의 파일 이름을 필터에 사용하려면 시스템 내부에서 사용하는 FileLeafRef 칼럼을 사용한다.

FileLeafRef eq '학생리스트.xlsx'

오른쪽 속성 창에서 '제목' 항목에 파일의 제목을 추가로 업데이트 할 수 있다.

"학생리스트"로 저장하면, [파일 가져오기] 동작의 필터 쿼리에서 제목(Title)을 다음과 같이 기술한다.

Title eq '학생리스트'

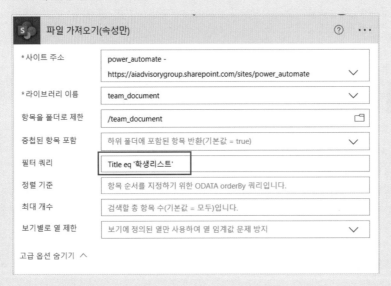

21

원드라이브에서 셰어포인트 엑셀 파일 업데이트하기

실행 영상 보기
https://youtu.be/MMu8rKtPjCU

셰어포인트 라이브러리와 원드라이브 모두 클라우드 기반 파일 공유 협업 도구다. 두 서비스는 사용자들이 파일을 업로드하고 다른 사용자와 공유하며 함께 편집할 수 있도록 지원한다.

원드라이브에 있는 엑셀 데이터 파일을 셰어포인트 라이브러리에 있는 엑셀 파일로 업데이트하는 자동화를 구현해보자. 원드라이브 엑셀 파일 내의 학번과 셰어포인트 라이브러리 엑셀 파일 내의 학번이 같다면 셰어포인트 라이브러리 엑셀 파일에 있는 학점을 업데이트하고자 한다. 실습 예제는 이해를 쉽게 하기 위해서 최소한의 칼럼을 가진 엑셀 파일로 진행한다.

실무에서 원본 데이터가 있는 엑셀 파일에서 템플릿 엑셀 파일에 VLOOKUP과 같은 함수를 이용해 필요한 데이터를 복사하는 과정과 유사하다.

01 16절에서 실습했던 내용을 바탕으로 원드라이브에 학번과 학점 항목이 있는 엑셀 파일을 생성한다. 엑셀 데이터는 메뉴: [삽입] → [테이블] 메뉴를 이용해 테이블로 만든다.

02 20절에서 생성한 셰어포인트 문서 라이브러리에 있는 엑셀 파일의 값에서 이메일 열을 삭제하고 학점 열을 빈칸으로 비워 둔다.

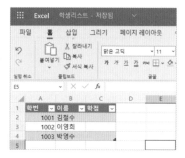

03 [인스턴트 클라우드 흐름]을 생성하고, [새 단계] 버튼을 클릭하여 다음 자동화 단계를 추가한다. ①"Excel"로 검색한 후 ②Excel Online 커넥터를 선택하고 ③[테이블에 있는 행 나열] 동작을 선택한다.

04 ①첫 번째 단계에서 생성한 원드 라이브 위치를 선택한다. ②생성한 문서 라이브러리 이름을 선택한다. ③업로드한 파일을 선택한다. ④테이블은 표1을 선택한 다음 저장한다.

05 [새 단계] 버튼을 클릭하여 다음 자동화 단계를 추가한다. ①"Excel"로 검색한 후 ②Excel Online 커넥터를 선택하고 ③[테이블에 있는 행 나열] 동작을 선택한다.

06 ①셰어포인트 사이트 위치를 선택한다. ②생성한 문서 라이브러리 이름을 선택한다. ③업로드한 파일을 선택한다. ④테이블 표1을 선택한 다음 저장한다.

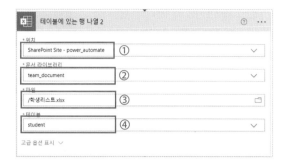

07 다음 자동화 단계를 추가한다. ①"컨트롤"로 검색한 후 ②[컨트롤] 커넥터를 선택하고 ③[조건] 동작을 선택한다.

08 ①첫 번째 값은 동적 콘텐츠 추가를 이용하여 테이블에 있는 행 나열을 통해 불러온 원드라이브 엑셀 파일의 '학번' 변수를 클릭하고 ②비교 조건은 '다음과 같음'을 선택한다. ③두 번째 값은 동적 콘텐츠 추가를 이용하여 테이블에 있는 행 나열을 통해 불러온 셰어포인트 라이브러리 엑셀 파일의 '학번' 변수를 클릭한다. 자동으로 [각각에 적용] 반복문에 포함된다.

09 셰어포인트 라이브러리 엑셀 파일의 학번과 원드라이브 엑셀 파일의 학번이 같은 경우에만 학점을 업데이트할 것이므로 '예인 경우'에서 진행한다. [새 단계] 버튼을 클릭하여 다음 자동화 단계를 추가한다. ①"Excel"로 검색한 후 ② 컨트롤 커넥터를 선택하고 ③[행 업데이트] 동작을 선택한다.

10 ①업데이트 위치는 셰어포인트 라이브러리가 있는 파일을 선택한다. ②문서 라이브러리는 엑셀 파일이 담긴 문서 라이브러리를 선택한다. ③파일은 변경할 엑셀 파일을 선택한다. ④테이블을 지정한다 ⑤키 열은 학번으로 지정하고 ⑥키 값은 4단계에서 테이블 행 나열하기를 통해 불러온 학번 변수를 동적 콘텐츠 추가를 통해 추가한다. ⑦학점에는 4단계에서 테이블 행 나열하기를 통해 불러온 원드라이브 학점 변수를 동적 콘텐츠 추가를 통해 추가한다.

테스트 결과 학번이 일치하는 학생의 학점을 성공적으로 업데이트한다.

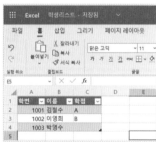

Visio(비지오) 소개하기

자동화 대상을 선정할 때는 논리적인 흐름으로 구현할 수 있는지 검토하는 것이 좋다. 작업의 순서를 정리해서 순서도(Flow Chart)를 작성해 볼 것을 권장한다. 순서도 양식은 중요하지 않다. 전체 흐름을 논리적인 순서로 설명하는 수준이면 충분하다. 마이크로소프트 비지오는 데이터 흐름의 시각적 표현을 위해 다이어그램, 플로우 차트, 조직도 등을 생성하는 데 사용한다. 비지오는 다양한 도구와 템플릿을 사용하여 다이어그램을 생성하고 편집할 수 있다. 추가로, Visio plan2를 구독하면 BPMN 다이어그램을 파워 오토메이트 흐름으로 Export 할 수 있다.

본인의 업무 프로세스를 구조적으로 그릴 수 있어야, 업무 자동화도 구현이 가능하다. 파워 오토메이트 흐름을 만들기 전에 비지오를 통해 흐름의 순서도를 미리 스케치할 수 있다는 장점이 있다. 비지오를 이용하여 간단한 디자인 흐름을 생성해 보자.

비지오에 접속하자.

- **https://www.office.com/launch/visio**

01 순서도 서식 파일을 클릭한다.

02 순서도 서식 파일 도형이 왼쪽에 표시된다. 프로세스를 흰 화면으로 드래그 앤 드롭을 한다.

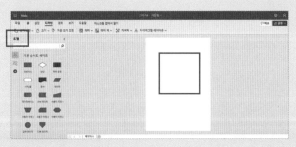

03 도형을 클릭하면 어느 방향으로 공정을 생성할 것인지 방향을 알려주는 기호가 나타난다. 하위 공정을 만들기 위해서 마우스 커서를 아래로 이동하면 하위 공정 도형을 선택할 수 있다. 첫 번째 도형을 클릭한다.

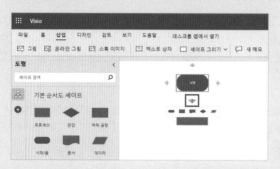

04 자동으로 화살표가 생성되어 흐름을 나타낸다. 도형을 더블 클릭하면 글자를 입력할 수 있다. 흐름 순서에 따라 작성해 보자. 앞선 과정을 반복하여 적절히 흐름도를 완성한다. 자동 저장이 되므로 따로 저장할 필요가 없다.

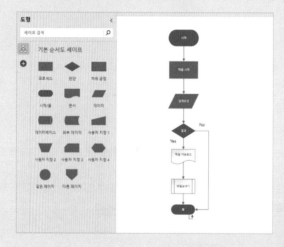

팀즈에 메시지 게시하기

실행 영상 보기
https://youtu.be/Rlk0hO90LRw

Microsoft Teams(이하 팀즈)는 마이크로소프트가 개발한 팀 협업 플랫폼으로 팀의 소통과 협업을 원활하게 할 수 있도록 도와주는 도구이다. 팀즈는 비디오 회의, 채팅, 파일 공유 및 협업 기능을 제공하여, 팀원들 간의 업무 효율성을 높일 수 있다. 사용자들은 팀즈를 사용해 비즈니스 회의를 진행하고 팀원들과 채팅하며, 문서 공유와 작업 할당 그리고 프로젝트 진행 상황을 추적할 수 있다. 팀즈는 미팅 녹화 기능을 제공하므로 중요한 회의나 교육을 녹화해 참석하지 않은 팀원들과 공유할 수 있다.

팀즈는 Microsoft 365와 연동되어서 사용자들은 워드, 엑셀, 파워포인트 등의 문서를 공유하고 편집할 수 있다. 또한, 다양한 서드파티(Third Party) 앱과의 통합을 지원하므로 앱 스토어에서 필요한 앱을 내려받아 팀즈에서 사용할 수 있다. 팀즈는 기본적으로 무료로 제공되지만, 추가 기능을 사용하기 위해서는 Microsoft 365 구독이 필요하다.

Microsoft 365 환경의 업무 자동화에서 팀즈는 중요한 소통 역할을 한다. 특정 제목이 포함된 메일이 도착하면 팀즈로 알림 메시지를 보내는 자동화 흐름을 만들어 보자.

01 1단계 Office 365 Outlook의 [새 메일이 도착하면]을 트리거로 한 [자동화된 클라우드 흐름]을 생성한다.

02 메일 제목에 '긴급'이라는 단어가 있는 경우, 팀즈로 메시지를 보내도록 [제목 필터]를 설정한나.

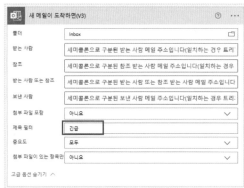

03 [새 단계] 메뉴를 누른 후에 ① TEAMS로 검색한다. ②Microsoft Teams 커넥터를 선택하고 ③[채팅 또는 채널에서 메시지 게시] 동작을 추가한다.

04 ①'다음으로 게시' 항목은 흐름 봇으로, ②게시 위치는 'Chat with Flow bot'으로 설정한다. 게시위치 'Group chat'은 여러 명이 채팅하는 그룹 채팅을 의미한다. 'Channel'을 선택하면 팀의 채널에 메시지를 보낼 수 있다. ③ Recipient(받는 사람)은 본인의 메일로 설정한다.

05 메시지 본문은 메일 제목과 본문을 확인할 수 있도록 다음과 같이 설정한다.

06 제목에 '긴급'이 포함된 메일을 전송하면, 팀즈 봇으로 알림이 도착하는지 확인해보자.

HTML 테이블 만들기

팀즈 메시지 또는 이메일을 보낼 때 사용자가 데이터를 보기 편하게 테이블로 변형할 수 있다.
개체 데이터를 가지는 배열 변수를, HTML로 테이블로 만들어보자. [HTML 테이블 만들기]는 셰어포인트 리스트를 가져와서 표로 반환하는 등 많은 경우에 유용하게 사용된다.

먼저, [인스턴트 클라우드 흐름]을 생성한 후에 배열 변수를 선언하고 2개의 학생 개체를 가지도록 기술한다.

[{"학번": "1001", "이름": "김철수"}, {"학번": "1002", "이름": "이영희"}]

그런 후에 [데이터 작업] → [HTML 데이터 만들기] 동작을 추가해서 변수를 넣어준다.

흐름을 테스트하면, JSON 형태의 데이터가 테이블 형태로 출력되는 것이 확인된다.

각자 [채팅 또는 채널에서 메시지 게시] 동작을 추가해서 테스트해보자.

추가로, [데이터 작업] → [CSV 데이터 만들기] 동작은 콤마(,)로 구분한 CSV 테이블 형태로 구성한다.

그리고, [OneDrive for Business]→[파일 만들기] 동작을 추가해서 csv 파일로 다운로드 받으면 한글이 깨지는 현상이 발생한다.

Csv 파일은 text file이기 때문에 한글을 인식하려면 다음 수식을 이용해 UTF-8 형태로 변경해야 한다.

concat(uriComponentToString('%EF%BB%BF'),body('CSV_테이블_만들기'))

다시 csv 파일을 다운로드 받으면 한글이 정상적으로 조회된다.

플래너 작업이 내게 할당되면
알림 보내기

실행 영상 보기
https://youtu.be/riKnNwLRd_g

플래너(MS Planner)는 작업을 할당하고 프로젝트 진행 상황을 추적할 수 있도록 다양한 그래프 및 차트를 제공해서 업무를 효율적으로 관리할 수 있는 애플리케이션이다. 작업 카드와 보드 등을 통해 팀원이 작업을 공유할 수 있다. 플래너는 다른 마이크로소프트 애플리케이션과 통합되어 있어 팀즈와 쉽게 사용할 수 있다. Microsoft365를 구독하는 기업에서는 플래너를 이용해 업무 유형별 진척 상황을 관리하는 경우가 늘고 있다.

플래너에서 나에게 작업이 할당되면 파워 오토메이트에서 자동으로 알림을 보내는 실습을 진행해보자. 먼저, 플래너 사이트에 접속하여 작업을 생성하자.

> **https://tasks.office.com/**

01 ①왼쪽 메뉴에 있는 '새 계획'을 선택한다. ②새 계획 이름을 작성하고 ③개인 정보 보호를 [공개] 또는 [비공개]로 설정한 다음 ④[계획 만들기]를 클릭하여 생성한다.

02 계획이 성공적으로 생성됐다면 이제 작업을 추가하자. ① [+작업 추가] 버튼을 클릭한다. ②작업 이름을 작성하고 ③기한 설정을 한다.

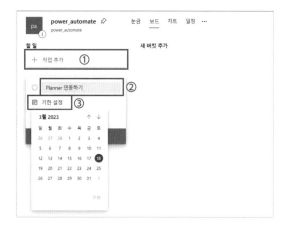

03 ①[할당] 버튼을 클릭하여 ② 작업을 할당 받을 사람을 지정하면 성공적으로 플래너가 생성된다.

TIP 작업 저장 버튼이 별도로 존재하지 않는다. 데이터를 변경하면 실시간으로 자동 저장된다.

04 이제 파워 오토메이트에서 작업이 내게 할당되었을 때 자동으로 메일을 보내는 흐름을 만들어보자. 클라우드 흐름 유형 중에서 [자동화된 클라우드 흐름]을 생성한다. Planner 문구로 검색하고 [작업이 내게 할당되었을 때] 트리거를 선택한다.

05 [새 단계] 버튼을 클릭하여 다음 자동화 단계를 추가한다. ① "notification" 또는 "알림"으로 검색한 후 ②[Notifications] 커넥터를 선택하고 ③[이메일 알림 보내기] 동작을 선택한다.

06 ①[제목]을 작성하고 ②[본문]에 ③동적 콘텐츠를 이용하여 입력한 다음 저장한다.

07 흐름 테스트 결과 플래너에서 작업이 나에게 할당되면 성공적으로 알림이 전송된다.

구글 Gmail과 스프레드시트
자동화하기

실행 영상 보기
https://youtu.be/-kiyMa_d_v4

구글의 Gmail과 스프레드시트를 파워 오토메이트와 연결해서 자동화할 수 있다. 예를 들어, 급여와 관련된 Gmail이 도착하면 다음과 같은 구글 스프레드 시트에 업데이트하는 자동화 흐름을 구현할 수 있다.

01 [자동화된 클라우드 흐름]을 생성하자. 트리거는 [Gmail]의 [새 전자 메일이 도착하는 경우]를 선택한다.

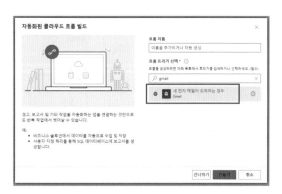

02

흐름의 첫 번째 단계에서 ①[로그인] 버튼을 누르고 ②계정을 선택해서 Gmail에 로그인한다.

TIP Google 계정으로 MS Power Platform에 액세스할 수 있도록 권한을 허용하자.

03 레이블에서 메일을 수신하는 메일함을 선택한다. 예제에서는 기본 메일함인 'Inbox'를 선택한다.

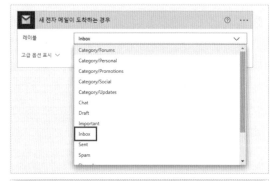

04 [고급 옵션 표시]를 선택해서 추가 옵션을 설정하자. 메일 제목에 '급여'가 포함된 메일만 저장하기 위해서 제목 칼럼에 입력한다. 제목뿐만 아니라 받는 사람, 보낸 사람, 중요도 표시나 첨부 파일 여부도 설정해서 특정 메일을 선택할 수 있다.

05 메일 내용을 저장하기 위해서 구글 드라이브에서 새 스프레드시트를 생성해보자. 구글 드라이브 웹 사이트(https://drive.google.com/)에 접속해서 왼쪽 상단의 ✛ 새로 만들기 버튼을 누른 후에 ①[Google 스프레드시트]를 선택하고, ②[빈 스프레드시트] 메뉴를 선택한다.

06 "날짜", "제목", "내용" 3개의 칼럼을 가지는 서식을 지정한다.

07 파워 오토메이트 흐름에서 [새 단계] 버튼을 눌러 ①[Google Sheets] → [행 삽입] 동작을 추가한다. ②[로그인] 버튼을 누르고 ③계정을 선택한다.

08 ①파일은 6단계에서 생성한 스프레드시트를 선택하고 ②서식을 지정한 워크시트를 설정한다. 지정한 서식을 자동으로 불러온다.

09 각 항목을 그림과 같이 설정한다. ①날짜란에는 메일이 수신된 날짜와 시간을, ②제목에는 메일 제목을 ③내용에는 메일 본문의 조각을 입력한다.

TIP 내용 칼럼에 '본문'이 아닌 '조각'으로 설정하는 이유는, 본문으로 설정하면 HTML을 전부 저장하기 때문에 텍스트만 저장하기 위해서 '조각'으로 설정한다.

10 흐름을 저장하고 메일이 수신되면 스프레드시트에 저장이 잘되는지 확인해보자.

Google의 보안 및 개인 정보 보호 정책

Gmail 계정을 연결해서 사용하는 커넥터나 트리거를 흐름에서 사용할 때, Google의 정책 상 승인된 작업 및 트리거만 사용할 수 있다. 승인되지 않은 서비스를 Gmail 커넥터와 함께 사용해야 하는 경우는 Google 자체 애플리케이션 ID를 등록해야 한다. 그렇지 않고 승인되지 않은 서비스를 추가한 흐름을 저장하면 흐름이 비활성화 상태로 저장된다.

아래 항목은 승인된 서비스 목록이다.

- **Google 서비스: Gmail, Google 캘린더, Google 주소록, Google 드라이브, Google 스프레드시트, Google 작업**
- **기본 제공 작업 및 트리거: 제어, AI Builder, 데이터 작업, 날짜 시간, 숫자 함수, Power Virtual Agents, Power Apps, 요청, 일정, 텍스트 함수, 변수, 흐름 버튼, 위치**
- **제한된 Microsoft 서비스 세트: OneDrive, Sharepoint, Excel, Dynamics, Microsoft Teams, Office 365, SQL, SFTP 및 FTP**

출처: Microsoft

유튜브 채널에 동영상 업로드 되면 메일 보내기

실행 영상 보기
https://youtu.be/ocCa_t5kkaw

유튜브는 다양한 분야의 동영상 콘텐츠를 제공하는 온라인 동영상 공유 플랫폼이다. 지식, 취미, 관심사를 검색하고 공유하기 위해 유튜브를 이용하며, 유익한 콘텐츠 채널은 구독한다. 구독 중인 유튜브 채널에서 새로운 영상이 업로드 되면, 해당 동영상이 자동으로 구독 동영상 목록에 나타난다. 하지만 동영상 업로드 시간이나 구독자의 일정 등으로 인해 놓치는 경우가 있다. 구독 알림을 설정하면, 해당 채널에 새로운 동영상 올라올 때마다 구독자의 모바일로 알림이 전송되어 놓치지 않을 수 있다. 유튜브 채널에 새로운 영상이 업로드 될 때 메일을 자동으로 전송하여 알림 기능을 수행하는 작업을 실습해보자.

먼저, 유튜브 사이트에 접속해서, 구독을 원하는 채널에 구독 버튼을 클릭하여 구독한다.

https://www.youtube.com/

01 파워 오토메이트는 Youtube 커넥터를 기본으로 제공한다. 파워 오토메이트 웹사이트에 접속한다. 클라우드 흐름 유형 중에서 [자동화된 클라우드 흐름]을 선택한다. YouTube 문구로 검색하고 [채널이 비디오를 업로드할 때] 트리거 선택한다.

02 로그인 버튼을 클릭하여 YouTube와 연동한다.

03 로그인 버튼을 클릭하면 연동할 유튜브 계정 선택 창이 나타난다. 계정을 선택한다. 만약, 본인 유튜브 계정이 나타나지 않으면 다른 계정을 사용한다.

04 "Microsoft Power Platform에서 내 Google 계정에 액세스하려고 합니다."라는 알림창이 나타난다. [허용]을 클릭한다.

05 YouTube와 파워 오토메이트가 성공적으로 연동되었으면 다음과 같이 채널 ID가 나타난다. 메일로 알림을 보낼 채널을 선택한다.

06 [새 단계] 버튼을 클릭하여 다음 자동화 단계를 추가한다. ①"Outlook"로 검색한 후 ② 'Office 365 Outlook' 커넥터를 선택하고 ③[메일 보내기 (V2)] 동작을 선택한다.

07 ①[받는 사람]을 지정하고 ②[제목]을 작성합니다. ③동적 콘텐츠를 이용해 ④[본문]도 입력한 다음 ⑤[저장] 한다.

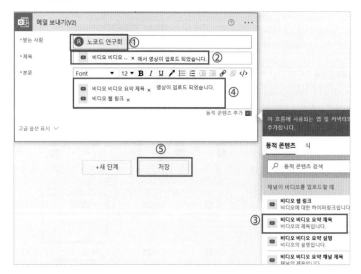

08 유튜브 채널에 새로운 동영상이 업로드 되면, 알림 메일이 성공적으로 전송되는 것이 확인된다.

템플릿과 인공지능(Copilot)으로 흐름 만들기

2023년 3월 마이크로소프트는 Microsoft 365 Copilot을 공개하고, 자사 업무 생산성 도구 전반에 차세대 AI 기술을 적용한다고 발표했다. 마이크로소프트에서 제공하는 다양한 템플릿을 참고하여 흐름을 만들 수 있는데 이 흐름의 기능을 글(자연어)로 설명하면 인공지능 모델인 'Copilot'이 흐름을 자동으로 제안하는 기능을 제공한다. 워드, 엑셀, 파워포인트, 아웃룩, 팀즈 등 일상적으로 사용되는 Microsoft 365 앱에 Copilot이 내장된다. 이를 통해 사용자는 워드에서 더 창의적이고 엑셀에서 더 분석적이며 파워포인트에서 더 풍부하게 표현할 수 있고, 아웃룩에서는 생산적이고 팀즈에서 보다 잘 협업할 수 있게 된다고 설명한다. 즉, Copilot이 메일의 내용을 완성해주고, 장문의 메일을 중요 키워드로 요약하며, 주제에 적합한 파워포인트 문서도 자동으로 만들 수 있다는 것이다. 파워 플랫폼에는 이미 Copilot이 적용되어 있다. Copilot으로 완전히 새로워진 작업 방식의 업무 혁신을 가져올 것으로 기대된다

01 먼저, 템플릿을 이용해서 파워 오토메이트 흐름을 만드는 방법을 알아보자. 흐름 생성 시 [템플릿으로 시작]을 선택한다. 앞서도 얘기했지만, 다음 화면은 [파워 오토메이트 신규버전]이기에 아직 사용할 수 없음에 주의한다.

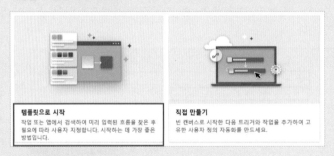

02 [키 워 드 로 검 색 란] 에 "YOUTUBE"라고 입력하면, 유튜브와 관련된 다양한 템플릿이 조회된다. 본인이 구현하려는 유형의 템플릿을 선택해서 흐름을 만들 수 있다.

자연어 문장인 "유튜브 동영상 업로드 되면 메일 보내기"로 다시 검색하면 템플릿이 조회되지 않는다. [흐름을 설명하여 흐름 설계(프리뷰)] 메뉴를 클릭한다.

동일한 키워드로 검색했지만, 이번에는 인공지능 Copilot이 해당 기능의 흐름을 제안해준다. 즉, 여러 가지 기능을 조합한 키워드나 문장으로 설명하면 Copilot이 흐름을 자동으로 생성해준다.

이번 절에서 실습한 OUTLOOK 메일을 사용하기 위해서 검색 키워드를 변경하면, 인공지능이 더 정확한 흐름을 제안해 주는 것을 확인할 수 있다. 이후 단계는 [다음] 버튼을 눌러서 진행하면 된다.

26

트위터 트윗이 작성되면
메일 보내기

실행 영상 보기
https://youtu.be/4qUh9BQw1JQ

트위터는 인터넷 기반의 소셜 미디어 플랫폼 중 하나로 사용자들이 짧은 글이나 이미지, 동영상 등을 공유하는 서비스다. 관심사나 의견을 공유하고 엔터테인먼트를 즐기기 위해 트위터를 사용한다. 관심 있는 주제의 트윗을 놓치지 않고, 작성된 트윗에 대한 반응을 즉각 확인하기 위해 알림을 전송하는 서비스가 필요하다. 파워 오토메이트를 사용하여 트위터 트윗이 작성되면 메일을 전송하여 알림 기능을 수행하는 작업을 실습해보자.

먼저 트위터 사이트에 접속해서 계정을 생성해보자. 만약, 트위터 계정이 있다면 1, 2 단계는 생략해도 된다.

- **https://twitter.com/**

01 메인 화면에서 가입하기 버튼을 클릭한다.

02 3가지 옵션 중 자신에게 맞는 옵션을 선택해서 계정을 생성한다. 이후 트위터 가입 과정 설명은 생략한다.

03 트위터 트윗이 작성되면 파워 오토메이트에서 메일을 보내는 흐름을 만들어보자. [자동화된 클라우드 흐름]을 생성하기 위해, twitter 문구로 검색하고 [새 트윗이 게시된 경우] 트리거를 선택한다.

04 로그인 버튼을 클릭하여 Twitter와 연동한다.

05 자신의 트위터 ①계정 ID와 ②비밀번호를 입력한 다음 ③앱 인증 버튼을 클릭한다.

06 검색 텍스트 입력 창이 나타났다면 성공적으로 Twitter와 파워 오토메이트가 연동된 것이다. 검색 텍스트는 필수 항목이므로 관심 있는 주제의 검색 텍스트를 입력한다.

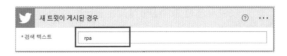

07 [새단계] 버튼을 클릭하여 다음 자동화 단계를 추가한다. ①"Outlook"로 검색한 후 ② Outlook 커넥터를 선택하고 ③[메일 보내기(V2)] 동작을 선택한다.

08 ①[받는 사람]을 지정하고 ②[제목]을 작성합니다. ③동적 콘텐츠를 이용해 작성하고 ④[본문]도 동적 콘텐츠를 이용하여 입력한 다음 ⑤[저장] 한다.

테스트 결과 성공적으로 메일을 전송하였다.

클라우드 흐름 모니터

클라우드 흐름의 실행 현황을 확인하려면, ①[모니터] → [클라우드 흐름 활동] 메뉴를 선택하면 된다. 실패
흐름만 조회하려면 ②오른쪽 상단의 [실패] 버튼을 눌러서 확인한다.

파워 오토메이트 클라우드와
데스크톱 연결하기

실행 영상 보기
https://youtu.be/7bvAMy6gUQ4

앞서 소개했듯이 파워 오토메이트 클라우드에서 데스크톱 흐름을 호출할 수 있다. 이것은 파워 플랫폼에 탑재되고 연결된 모든 앱이 PAD 흐름과 통합될 수 있다는 뜻이다. 파워 오토메이트 또는 파워 앱스로 개발한 화면에 값을 입력하고 실행하면 PAD 흐름을 호출한 후에 ERP와 같은 시스템을 자동으로 실행한다.

조금 더 구체적으로 설명하면 파워 앱스, 챗봇, 승인 프로세스, 팀즈, 셰어포인트, 원드라이브 등에서 새로운 요청이 발생(데이터가 생성)하면 자동으로 파워 오토메이트 흐름을 트리거한다. 그리고 후속 작업으로 내 PC의 데스크톱 흐름을 호출해서 사람이 반복적으로 수행하던 일을 완벽하게 처리하게 된다. 더군다나, PAD에 GPT 기반의 인공지능 텍스트 분석 서비스가 탑재될 예정이라고 한다.

Microsoft 365의 기능을 하나씩 경험해보니 MS사의 디지털 기술의 진화에 소름이 돋을 정도이다. 이제 파워 플랫폼은 레고 블록을 조립하듯이 **디지털 세상의 빅데이터와 다양한 프로그램을 서로 연계**할 수 있게 되었다.

클라우드에서 흐름을 실행했을 때 데스크톱에 알림창을 띄우는 간단한 예제를 만들어보자.

01 파워 오토메이트 사이트에서 ①왼쪽 카테고리의 [모니터]를 선택해서 ②[머신(프리뷰)] 메뉴를 누른다. 그런 후에 ③[새로 만들기] → [머신] 메뉴를 클릭해보자.

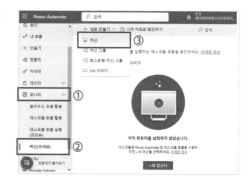

02 새 머신 설정 팝업 화면에서 ①[지금 시작] 메뉴를 누른다. PAD가 설치되어 있지 않다면, ②[최신 버전 받기] 버튼을 눌러서 설치한다.

> 💡 **TIP**
>
> PAD는 누구나 사용할 수 있는 무료 소프트웨어이다. 단, 아래와 같은 버전의 윈도우 운영체제가 설치되어 있어야 한다.
>
> Windows 10(Home, Pro, Enterprise), Windows 11(Home, Pro, Enterprise), Windows Server 2016, Windows Server 2019 또는 Windows Server 2022

03 개인 PC에 설치된 파워 오토메이트 머신 런타임 프로그램이 실행되고, 머신 정보가 자동으로 등록된다. 1, 2단계를 생략하고 직접 머신 런타임 프로그램을 실행해도 된다.

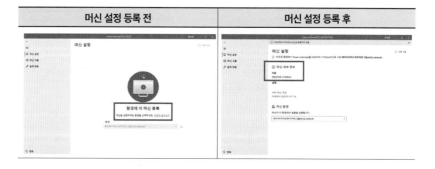

04 파워 오토메이트 사이트에 개인 컴퓨터 이름의 머신이 등록된 것이 확인된다.

05 개인 컴퓨터에서 PAD를 실행하고 [새 흐름] 메뉴를 눌러서 흐름을 생성해보자.

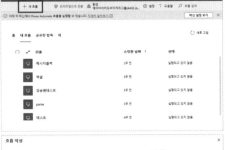

06 ①PAD 흐름 이름 입력하고, ②[만들기] 버튼을 누른다.

07 파워 오토메이트 클라우드에서 입력 값을 전달받기 위해 오른쪽 화면의 입출력 변수에서 ①추가 아이콘을 누르고 ②'입력' 파라미터를 생성해보자.

08 ①변수 이름, 데이터 형식 등을 설정하고 ②[저장] 버튼을 누른다. 이번 실습은 파워 오토메이트 클라우드와 PAD를 연결하는 목적이기 때문에 기본값 그대로 저장하고 진행한다.

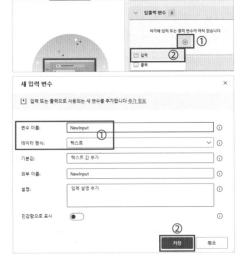

09 ①검색 입력 창에서 "메시지"를 검색해서, ②[메시지 상자] → [메시지 표시] 작업을 더블 클릭 또는 드래그앤드롭으로 흐름 디자이너에 추가한다.

10 ①메시지 상자에 제목을 입력하고, ②표시할 메시지 변수 선택 아이콘을 누른다. ③앞 단계에서 생성한 입력 변수 NewInput을 선택한다. ④[선택] 버튼을 누르고 ⑤[저장] 버튼을 눌러서 작업을 완료한다.

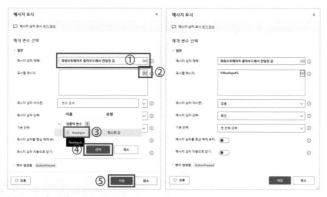

11 ①[저장] 아이콘을 눌러서 흐름을 저장하고 ②[실행] 아이콘을 클릭해서 메시지가 출력되는지 확인해보자. 입력 값은 설정하지 않았기 때문에 빈 메시지 창에 제목만 표시된다.

12 파워 오토메이트 클라우드에서 [인스턴트 클라우드 흐름]을 생성하고, 입력 파라미터를 하나 추가한다.

13

[새 단계] 메뉴를 눌러서 [Desktop flows] → [데스크톱용 Power Automate로 빌드 된 흐름 실행] 작업을 추가한다.

14

①Connect 항목에 'Directly to machine'을 선택하고, ② Machine or Machine group에는 머신 설정 프로그램에서 확인했던 개인 컴퓨터의 이름을 검색해 입력한다.

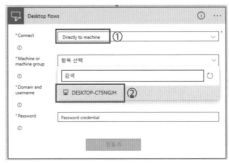

> **TIP**
> Connect 방식에는 2가지 모드가 존재한다. PAD 초기 버전에서는 on-premises data gateway 방식만 지원했는데 현재는 서비스에서 제외될 예정이라고 공지되어 있다.

15

다음으로 입력할 Domain and username을 확인하려면 개인 컴퓨터의 커맨드 창을 실행하고 'WHOAMI' 명령어를 입력한다.

16

앞 단계에서 확인한 ①Domain and username을 붙여넣기하고 ②윈도우 패스워드를 입력해서 ③[만들기] 버튼을 누른다.

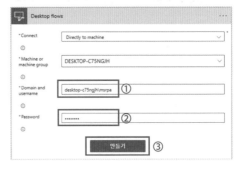

17 ①데스크톱 흐름 항목에는 PAD에서 생성한 흐름을 선택한다. ②실행 모드는 유인(로그인했을 때 실행)을 입력하고 ③NewInput 파라미터에는 입력 파라미터 MSG를 설정한다.

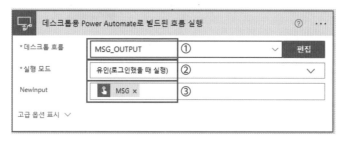

18 클라우드 흐름을 실행하고 "안녕 PAD"라고 입력하면, 개인 PC에 설치된 PAD 흐름이 실행되어 메시지 창이 출력되는 것이 확인된다.

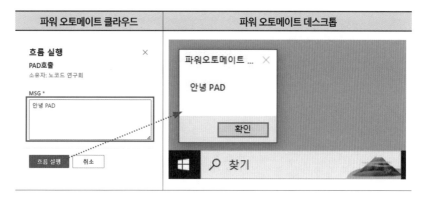

유인모드와 무인모드

파워 오토메이트 클라우드에서 PAD 흐름을 실행하는 방법에는 유인모드와 무인모드가 있다. 영어로는 각
각 Attended와 Unattended라고 한다. 무인모드는 사용자가 윈도우에 로그아웃된 상태에서도 데스크톱
흐름을 실행할 수 있다. 단, 추가(Add-on) 라이선스를 구매해야 한다.

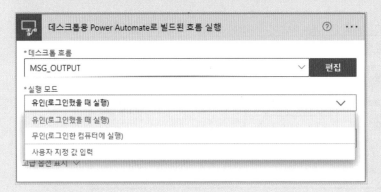

POWER
AUTOMATE
CLOUD

POWER
AUTOMATE
CLOUD

이번 실전 활용 예제는 실제 현업에서 유용하게 활용할 수 있는 다양한 업무 자동화 방법을 알아본다. 상황에 따라 여러 명의 승인이 필요한 경우 단계별 승인과 병행 승인의 차이점을 알아보고 시민 개발자에게는 다소 생소한 API 호출 방법을 커스텀 커넥터를 통해서 쉽게 사용할 수 있는 방법을 제공한다. 또한 기업에서 많이 사용하는 슬랙이나 서비스나우와 같은 시스템을 연결해서 자동화하는 실습을 해본다.

5 장

실전 활용 - 심화편

휴가 신청 - 동시 승인 자동화

실행 영상 보기
https://youtu.be/9o8sl0rfzGA

여러 명의 승인자에게 동시에 승인을 받는 자동화를 구현해 보자. 18절 실습 예제에서 셰어포인트 목록에 휴가 신청 데이터가 신규로 생성되었을 때 2명의 승인자에게 승인을 요청하는 시나리오로 진행한다.

01 셰어포인트 목록에 승인 담당자 열을 하나 더 추가한다.

02 흐름을 신규로 생성하거나, 18절의 흐름을 변경한다. 모든 승인 담당자가 승인해야 휴가가 승인되도록 승인 형식을 '승인/거부 - 모든 사용자가 승인해야 함'으로 변경한다.

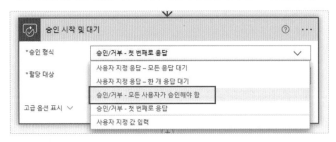

03 할당 대상에 추가한 승인 담당자의 이메일을 추가한다.

04 2명의 승인자에게 요청하기 때문에 승인 결과도 2개가 출력된다. 예를 들면 첫 번째 승인자가 반려하고 두 번째 승인자가 승인하면 결과는 Reject, Approve가 된다.

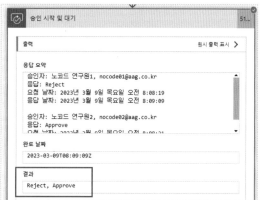

승인 담당자 중에서 첫 번째 응답한 결과로 항목을 승인 또는 반려하려면,

승인 형식을 '승인/거부 - 첫 번째로 응답'으로 설정하면 된다.

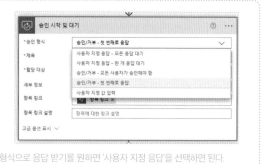

추가로, 승인/거부가 아닌 다른 형식으로 응답 받기를 원하면 '사용자 지정 응답'을 선택하면 된다.

05 두 명 중 한 사람이라도 반려하면 항목이 Reject되어야 하므로 조건을 [다음과 같음]에서 '포함'으로 변경하고 값을 Reject로 변경한다.

06 결과에 Reject가 포함되어 있다면, 항목이 반려로 처리되어야 하므로 ①<예인 경우>의 항목 업데이트를 '반려'로 변경하고, ②<아니요인 경우>는 '승인'으로 변경한다.

07 흐름을 저장하고 셰어포인트 목록에 휴가 데이터를 생성하자.

08 모든 승인자가 승인하기 전까지는 응답 대기 중으로 표시된다.

09 승인자가 모두 승인하면 휴가 항목이 승인된다. 하지만 승인자 중 한 명이라도 반려하면 휴가는 반려로 처리된다.

출장 비용 신청 –
단계별 순서로 승인받기

실행 영상 보기
https://youtu.be/8lZVkgZBs0w

여러 명의 승인이 필요한 경우, 단계별로 진행하는 승인 방법을 알아보자. 예를 들어, 출장 경비 신청 시에 일정 비용 이상은 2단계로 승인받도록 하는 프로세스를 적용하면 유용하게 활용할 수 있다. 경비를 처리할 때 먼저 부서 매니저에게 승인받고, 최종 승인은 회계(FI) 부서에서 받아 항목을 승인하도록 자동화 흐름을 만들자.

먼저, 경비 신청을 위해서 다음과 같이 2명의 승인자(Depart_manager와 FI_manager)를 가지도록 Expense란 제목의 목록을 생성한다.

01 [자동화된 클라우드 흐름]을 생성한다. [SharePoint] 커넥터의 [항목이 만들어진 경우] 트리거를 선택한다.

02 [항목이 만들어진 경우] 트리거에 셰어포인트 사이트 주소와 경비 신청 목록 이름 "Expense"를 선택한다.

03 [승인] 작업의 [승인 시작 및 대기] 동작을 추가한다.

04 첫 번째로 부서의 담당자가 승인을 해야 한다. ①승인 형식은 [승인/거부 - 첫 번째로 응답]을 선택하고, ②제목에는 날짜와 경비 이름이 들어가도록 입력한다. ③할당 대상은 부서 담당자를 설정한다

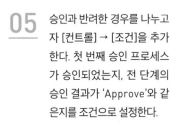

05 승인과 반려한 경우를 나누고자 [컨트롤] → [조건]을 추가한다. 첫 번째 승인 프로세스가 승인되었는지, 전 단계의 승인 결과가 'Approve'와 같은지를 조건으로 설정한다.

06 <아니요인 경우>는 항목을 즉시 반려하면 되기 때문에 [항목 업데이트] 작업을 통해서 항목을 반려로 처리한다.

07 <예인 경우>는 다음 승인 처리인 회계 부서 단계로 넘어가면 된다. 단, 일정 금액 이상일 때 FI 매니저(FI_Manager)에게 승인받는 조건이므로 출장 비용(amount)이 '1백만 원보다 크거나 같음'인 조건을 추가한다.

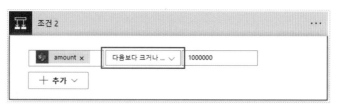

08 일정 금액 이상인 경우를 조건으로 하는 <예인 경우>에 ① FI 매니저에게 승인받는 동작을 추가한다. 승인 형식과 제목은 전 단계의 승인 처리와 같고, 할당 대상은 회계 부서 승인 담당자로 추가한다. 1백만 원 이하인 경우는 더 이상 승인을 받을 필요가 없기 때문에 ② 셰어포인트 목록의 상태를 "승인"으로 업데이트한다.

09 최종 승인이 되었다면 항목을 '승인'으로 업데이트하고 반려되었다면 '반려'로 업데이트하자. [컨트롤] → [조건]을 추가하고, 5 단계의 조건과 동일하게 설정한다.

10 <아니요인 경우는> Status Value를 '반려'로, <예인 경우>는 Status Value를 '승인'으로 업데이트하도록 각각 셰어포인트의 [항목 업데이트] 작업을 추가한다.

11 셰어포인트 목록에서 1백만 원 이상의 경비를 생성해서 승인을 요청한다.

12 신청하면 즉시 첫 번째 승인자인 부서 담당자에게 팀즈와 메일로 승인 요청이 전송된다.

13 부서 담당자가 승인하면, 두 번째 승인자인 회계 부서 담당자에게 승인 요청이 전송된다.

14 회계 부서 담당자까지 최종 승인이 되면, 셰어포인트에 신청한 경비가 승인 처리된다.

출장 비용 신청 – 승인자 목록 활용

실행 영상 보기
https://youtu.be/l1vGpWad6lU

이전 예제에서 휴가나 경비를 신청할 때 승인자를 직접 설정해서 항목을 생성하고 승인받는 방식으로 자동화했다. 하지만, 보통 기업에서는 각 부서의 승인자 목록을 별도의 저장공간(셰어 포인트 목록)에 분리해서 관리하는 경우가 많다. 이런 방식은 휴가나 경비를 신청하는 사람이 승인자를 입력해야 하는 불편함이 없고, 승인자 목록을 따로 관리하기 때문에 유지보수 측면에서 유리하다는 장점이 있다.

경비 신청 목록에 항목이 생성되면 셰어포인트 목록에 등록된 승인자 전체에게 승인 요청을 보내는 자동화 흐름을 만들어보자.

01 셰어포인트에 승인자 저장을 위한 새 목록을 만들자. Email 칼럼을 추가해서 승인자 항목을 생성한다. 예제에서는 3명의 승인자를 추가한다. 또한, 부서 칼럼을 추가해서 부서별 승인자를 관리하는 것도 좋은 방법이다.

02 [자동화된 클라우드 흐름]을 만들고 트리거는 셰어포인트의 [항목이 만들어진 경우]로 설정한다. 트리거 설정에서 사이트 주소를 입력하고 목록 이름은 경비 신청 목록 'Expense'으로 설정한다.

03 승인자 목록에서 승인자를 가져와야 한다. SharePoint의 [항목 가져오기(2개 이상)] 동작을 추가한다.

04 가져올 셰어포인트 주소와 목록을 승인자 목록으로 설정한다.

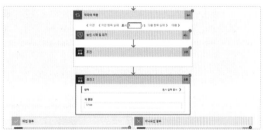

05 반복해서 승인 요청을 보낼 수 있도록 [각각에 적용] 작업을 추가하자.

06 [이전 단계에서 출력 선택]은 전 단계에서 가져온 항목의 'value'로 설정한다.

07 [각각에 적용] 작업 안에 승인 작업을 추가하고 승인 형식은 [승인/거부 - 첫 번째로 응답]으로 설정한다.

08 제목에는 경비 사용 날짜와 신청 제목을 넣고, 할당 대상은 [항목 가져오기] 작업의 Email로 지정한다.

09 [각각에 적용]으로 작업을 반복하면서 생성한 승인자 각각에게 승인 요청을 하게 된다. 모든 승인자가 승인하는 경우에만 항목을 승인 처리하고, 그렇지 않은 경우에는 반려한다. 이를 체크하기 위해서 [각각에 적용] 작업 위에 부울 타입의 변수를 생성하자. 기본값은 true로 설정한다.

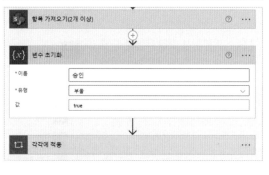

10 승인과 반려 처리를 위한 [각각에 적용] 작업이 끝난 뒤에 결과가 Reject인 경우, [승인] 변수를 false로 설정하도록 추가해보자. 결과가 Reject가 아닌 Approve인 경우에는 아무 작업도 수행하지 않는다.

11 앞선 [각각에 적용] 작업이 끝나고 [승인] 변수가 false면 '반려'로 처리하고 true면 '승인'으로 처리하도록 조건 작업을 추가한다.

12 <예인 경우>와 <아니요인 경우>에 각각 셰어포인트의 [항목 업데이트] 작업을 추가한다. <예인 경우>는 Status Value를 '승인'으로, <아니요인 경우>는 '반려'로 업데이트한다.

> **TIP** 이때 주의할 점은, 동적 콘텐츠에서 [항목 가져오기]가 아닌 [항목이 만들어진 경우]의 ID와 제목을 선택해야 한다.

13 경비나 휴가 신청 목록에서 항목을 생성하고 테스트해 보자.

14 모든 승인자가 승인을 완료하면 신청 항목이 승인된다.

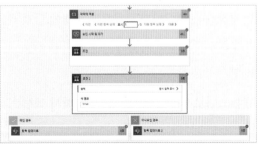

인공지능 AI Builder 활용해서
PDF 문서 자동화하기

실행 영상 보기
https://youtu.be/t8zYcE2NIoQ

AI Builder는 비즈니스 프로세스를 최적화하도록 설계된 AI 모델을 자동화에 적용한다. AI Builder는 AI를 사용하여 파워 오토메이트 및 파워 앱스에서 데이터를 활용할 수 있다. 코딩이나 데이터 과학 기술이 필요하지 않고, 필요한 사항에 따라 사용자 지정 모델을 구축하거나 많은 비즈니스 시나리오에 사용할 수 있는 템플릿 모델을 선택할 수 있다. 실무에서 AI Builder가 유용하게 사용되는 예를 살펴보자.

업체에서 납품하는 아이템 리스트를 PDF 파일로 첨부해서 이메일로 보내면, AI Builder가 메일의 첨부 파일을 가져와 미리 정의한 데이터들을 추출해서 셰어포인트 목록에 자동으로 저장한다. 데이터가 클라우드 환경에 담겨 있기 때문에 다양한 자동화 응용에 활용 가능하다.

AI Builder로 영수증의 내용을 인식해서 엑셀 파일에 업로드하는 흐름을 자동화해보자.

영 수 증					
				김태완 귀하	
공급자	사업자 등록번호	123-45-67890			
	상 호	마이크로스프트	성명	김공급 (인)	
	사업장 소재지	서울시 영등포구 여의도동 1번지			
	업 태	서비스	종목	구매대행	
작성년월일		공급대가총액			비고
2023년 3월 19일		25,000			
위 금액을 정히 영수(청구)함.					
월일	품 목		수량	단가	금 액
2023.3.14	Word		1	5,000	5,000
2023.3.16	Power Automate		1	6,000	6,000
2023.3.18	SharePoint		2	7,000	14,000
					0
					0
					0
					0
					0
					0
합계					25,000
부가가치세법시 형규칙 제25조의 규정에 의한(영수증)함.					

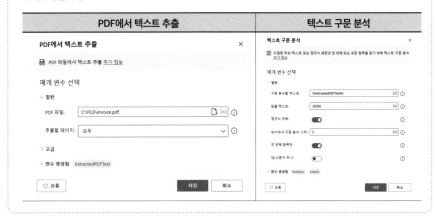

AI Builder는 샘플 문서들을 인공지능이 학습(머신러닝)해서 필요한 데이터를 문서에서 추출한다. 그렇기 때문에 문서의 양식이 하나로 통합되어 있으면 인식률이 높아진다. 문서 양식은 동일하지만, 구매 항목과 같은 아이템 수가 표 형태로 유동적인 경우는 완벽에 가까운 성공률을 보인다.

PDF 문서에서 필요한 데이터를 추출하는 경우에는 PAD에서 PDF에서 데이터 추출과 정규식 패턴을 활용하는 것도 아주 유용하다.

PDF에서 텍스트 추출	텍스트 구문 분석
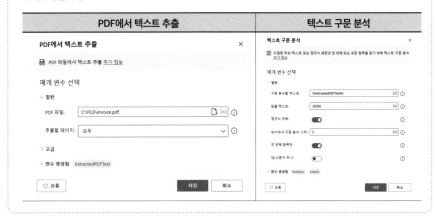	

01 영수증을 학습할 AI 모델을 만들기 위해 파워 오토메이트 메뉴에서 [AI Builder] → [모델] 메뉴로 접속한다.

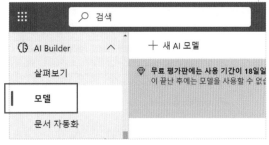

02 사용자 지정 모델을 생성해야 한다. [문서에서 사용자 지정 정보 추출]을 선택한다.

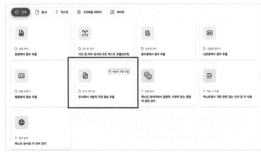

AI Builder는 여러가지 모델을 제공한다. 예를 들어, 감정 분석 AI 모델을 활용하면 텍스트에서 긍정, 부정의 감정을 인식할 수 있다. 이를 통해 고객의 부정적인 감정이 담긴 댓글이나 상품평을 찾아내어 추출할 수 있다. 추출한 정보는 상품의 피드백이나 고객 대응 자료 등을 만드는데 유용하게 사용된다.

03 문서에서 추출할 수 있는 정보는 텍스트, 테이블, 숫자, 자필 텍스트, 확인란 등의 정보로 사용자 지정 모델을 만들 수 있다. 오른쪽 아래의 [시작] 버튼을 클릭한다.

04 동일한 형식의 영수증을 인식할 것이므로 [구조화된 문서]를 체크하고 다음을 선택한다.

05 영수증에서 어떤 정보를 추출할 것인지 설정해야 한다. 추출할 정보 선택 항목에서 [추가] 버튼을 클릭한다.

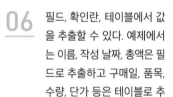

06 필드, 확인란, 테이블에서 값을 추출할 수 있다. 예제에서는 이름, 작성 날짜, 총액은 필드로 추출하고 구매일, 품목, 수량, 단가 등은 테이블로 추출한다.

07 필드는 그림과 같이 텍스트로 설정하여 생성한다.

이름		형식
이름		필드
작성 날짜		필드
총액		필드

08 테이블을 추가하고 ①테이블 이름과 ②열을 그림과 같이 설정하고 완료한다.

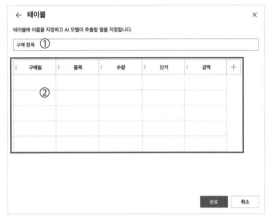

09 ①[새 컬렉션]을 선택해서 컬렉션을 추가한다. 문서를 업로드 하기 위해서 ②추가한 컬렉션을 선택한다.

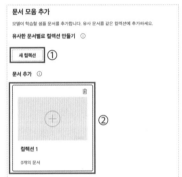

> **TIP**
> 컬렉션은 레이아웃이 같은 문서의 그룹이다. 모델에서 처리할 문서 레이아웃이 여러 개라면 컬렉션을 추가한다. 예로, 각각 다른 송장 템플릿이 있는 두 공급 업체의 송장을 처리하는 AI 모델을 구축하는 경우 두 개의 컬렉션을 만든다.

10 동일한 레이아웃의 영수증을 5개 이상 업로드해야 한다. JPG, PNG, PDF 등 다양한 형식으로 업로드할 수 있으며, 학습할 문서가 많을수록 AI의 학습률이 높아진다. ①[문서추가] 버튼을 눌러서 ② 문서를 업로드하고 완료한다.

11 예제에서는 다양한 문서 형태가 아니라 동일한 양식을 사용하기 때문에 한 개의 컬렉션을 추가한다. [다음] 버튼을 클릭한다.

TIP 컬렉션을 더 추가하면 다양한 문서에서 동일한 정보를 추출하는 모델을 만들 수 있다. 모델의 성능을 향상시키고 싶다면 문서를 더 추가하면 된다.

12 컬렉션에서 이름 필드로 지정할 부분을 드래그하여 선택하고 '이름' 필드로 지정한다.

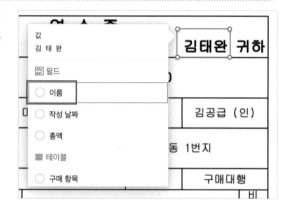

13 같은 방법으로 '작성 날짜'와 '총액'을 드래그해서 필드를 지정한다.

14 구매 항목 테이블을 생성하기 위해 해당 부분을 드래그해서 '구매 항목' 테이블로 지정한다.

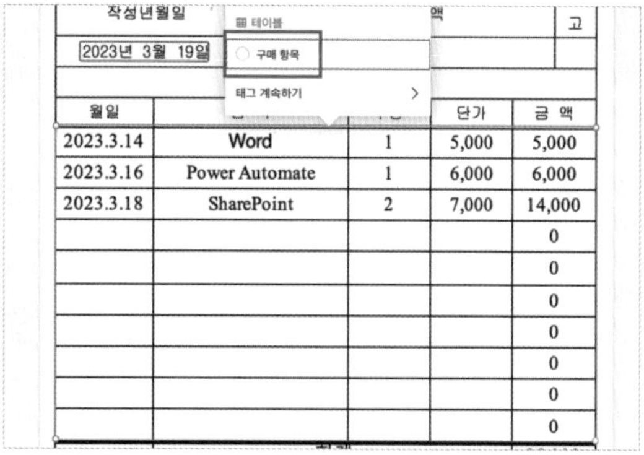

15 각 행은 마우스 왼쪽 단추를 클릭해서 만들 수 있고, 열은 Ctrl키(Mac은 Command키)를 누른 상태로 마우스 왼쪽 단추를 클릭하여 그릴 수 있다. 표 모양에 맞게 행과 열을 설정한다.

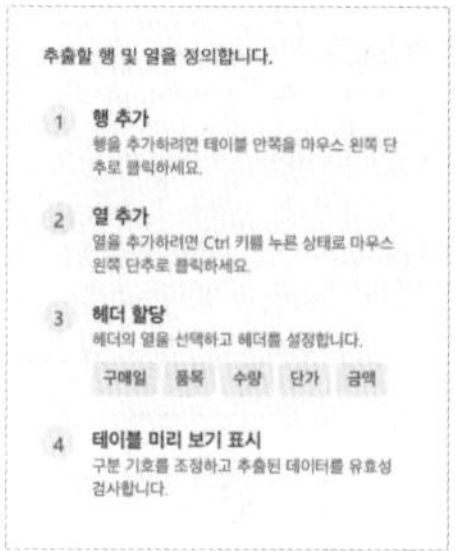

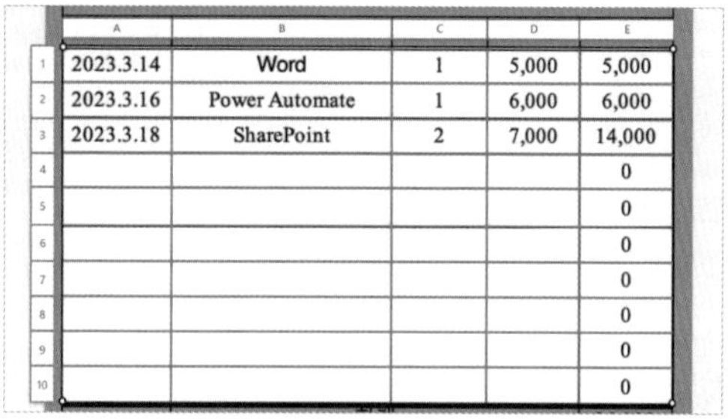

16 각 열을 선택해서 미리 만들어 둔 헤더에 맞게 설정한다.

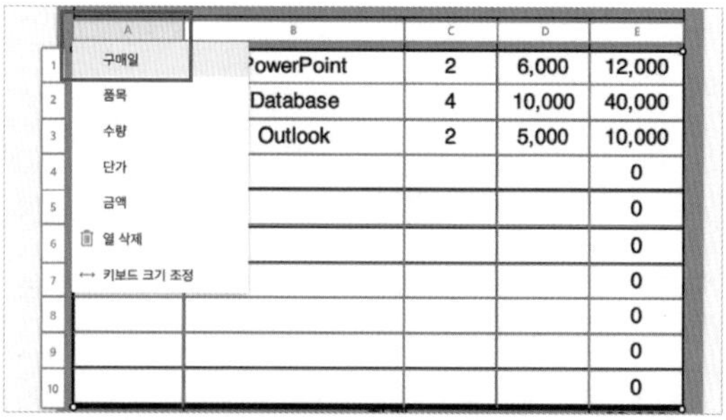

17 헤더를 지정했다면 그림과 같은 형식이 된다.

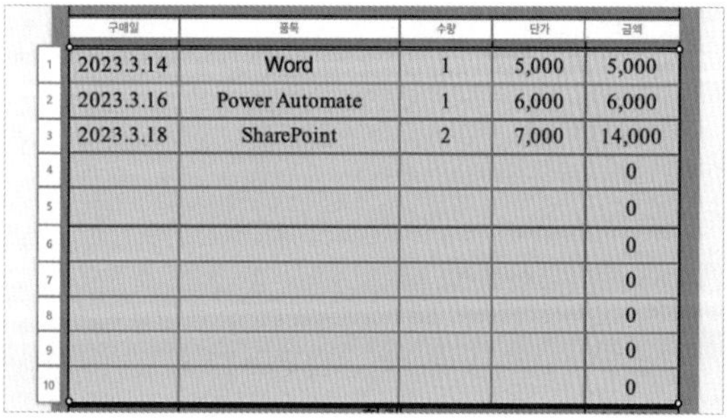

18 같은 방법으로 나머지 문서에
도 필드를 지정하고 다음 단계
로 넘어간다.

19 오른쪽 상단의 이름을 선택해
서 모델 이름을 변경하고 [이
름 변경]을 클릭한다.

20 모델 요약 정보를 확인하고 [학습]을 클릭해서 모델 학습을 시작한다.

21 모델이 첨부한 문서를 학습하고 완료되기까지 몇 분 정도 소요된다. 그리고 모델 학습이 완료되면
상태가 '학습됨'으로 업데이트된다.

22 AI 모델의 학습 결과를 보면, 영수증 레이아웃이 비슷하기 때문에 99%로 매우 높은 정확도를 보인다. 레이아웃이 다르거나 학습 문서의 형태(문서 구겨짐, 크기 등)가 다른 경우 정확도 점수가 낮아질 수 있으며, 여러 개의 문서를 학습시켜서 정확도 점수를 개선할 수 있다.

23 ①[빠른 테스트]를 클릭해서 영수증 파일을 첨부하고 값을 잘 추출하는지 테스트해보자. ②첨부한 영수증의 각 항목이 잘 추출되는 것을 확인할 수 있다.

24 AI 모델을 파워 오토메이트에서 사용할 수 있도록 ①[게시] 버튼을 클릭한다. ② AI 모델은 파워 오토메이트와 파워 앱스에서 사용할 수 있다. AI 모델을 활용해서 실물 영수증뿐만 아니라 PDF를 비롯한 다양한 문서를 인식하여 앱이나 자동화 흐름을 제작하는 데 활용할 수 있다.

영수증을 메일로 받아 AI 모델로 분석 및 저장

이번 장에서 만든 AI 모델을 이용해서 아웃룩으로 영수증을 포함한 메일이 도착하면 엑셀에 데이터를 저장하도록 만들어보자. 물론, 셰어포인트 목록에 저장하는 것도 좋은 방법이다.

01 엑셀 파일을 생성하고 이름, 작성날짜, 총액을 저장할 '구매항목' 테이블을 생성한다.

02 [자동화된 클라우드 흐름]을 생성해서 트리거를 Outlook의 [새 메일이 도착하면]으로 선택한다.

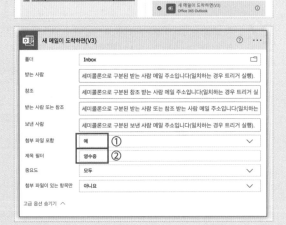

03 ①[첨부 파일 포함]은 '예'로 하고 ②제목 필터에 '영수증'을 입력한다.

04 [AI Builder] → [문서에서 정보 추출]을 선택한다.

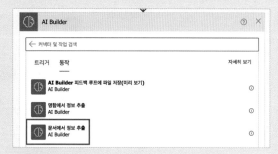

05 AI 모델을 앞서 본문에서 생성한 '영수증 처리 모델'로 지정한다.

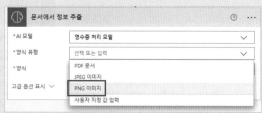

06 양식 유형을 선택한다. PDF 문서와 JPEG, PNG 이미지 형식을 기본적으로 선택할 수 있으며 사용자 지정 값 입력도 가능하다. 예제에서는 PNG 이미지를 선택한다.

07 양식은 '첨부 파일 콘텐츠'를 선택한다. 선택하면 '문서에서 정보 추출' 작업이 '각각에 적용' 작업 안으로 이동한다.

08 [Excel Online] → [테이블에 행 추가] 작업을 추가한다.

09 위치, 문서, 파일, 테이블을 지정하면 테이블의 이름, 작성날짜, 총액 칼럼이 추가된다.

10 이름, 작성날짜, 총액 칼럼에 AI 모델로 추출한 정보를 입력한다. 이때, 항목은 value를 선택하여 입력한다.

11   각 항목을 입력했으면 흐름을
저장한다.

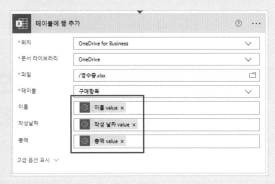

12   제목에 '영수증'을 포함한 메
일로 구매 영수증을 첨부해서
전송해보자.

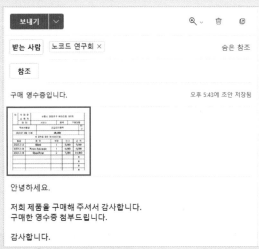

13   엑셀에 이름, 작성날짜와 총
액이 정확하게 업로드 되었는
지 확인하자.

	A	B	C	D
1	이름	작성날짜	총액	
2	김코딩	2023년 3월 19일	25,000	
3				
4				
5				
6				

학생별 성적을 워드 문서로
자동 전송하기

실행 영상 보기
https://youtu.be/lpcOq32Ux78

기업이나 학교에서는 직원의 평가 결과, 학생의 점수를 엑셀로 관리하는 경우가 많다.

MS Word로 다음 그림과 같은 성적표 문서를 제작할 때, 학생 이름과 성적을 일일이 입력하는 반복 수작업을 거쳐야 한다. 특히나, 통보 대상이 많은 경우 학생 성적과 직원 평가 결과를 직접 기재해서 개인별로 메일을 보내는 일은 비효율적인 반복 수작업을 요구한다.

이번 예제에는 엑셀 파일의 학생 점수에 따라서 학점을 계산하고 개인별 성적표 양식을 만들어 이메일로 발송하는 흐름을 자동화해보자.

01 학생 정보가 담긴 엑셀 파일을 준비한다. 자동화 흐름으로 점수를 활용해서 학점을 계산한다.

NO	소속	학번	이름	이메일	점수
1	RPA학과	210001	김철수	msrpa@naver.com	83
2	RPA학과	210002	이영미	7imtaewan@naver.com	75
3	RPA학과	210003	박원정	ai@aag.co.kr	64

> **TIP**
> 성적 자료는 MS RPA(https://cafe.naver.
> com/msrpa) 카페의 교재 관련 자료 게시
> 판에서 내려받을 수 있다. 이 예제에서는
> 자료를 변형하여 사용한다.

02 앞서 소개했듯이, 엑셀 데이터를 파워 오토메이트에서 활용하려면 엑셀 파일의 표를 테이블로 지정해야 한다. 테이블을 만들 필드를 선택하고 [상단 메뉴] → [삽입] → [표]를 선택한다.

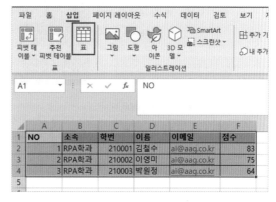

03 머리글 포함에 체크하고 확인을 누른다. 지정한 필드가 테이블로 생성된다.

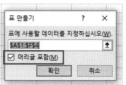

04 표를 선택하고 상단 메뉴의 ① [테이블 디자인] → ② [표 이름]을 '성적'으로 지정하고 엑셀 파일을 저장한다.

05 성적표를 만들 워드 템플릿을 제작해야 한다. 새 워드 파일을 생성하고 이름을 성적표로 저장한다.

06 성적표로 변경할 수 있는 적절한 템플릿을 고른다. 이 예제에서는 '이달의 직원 인증서' 템플릿을 사용한다.

07 워드 자동화를 하려면 워드의 설정을 변경해야 한다. [파일] → [옵션]을 선택해서 워드 옵션 창을 연다.

08 [리본 사용자 지정] 탭에서 우측 스크롤 바를 내려 '개발 도구'에 체크하고 확인을 눌러 적용한다.

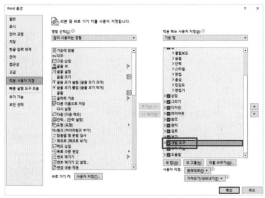

09 워드 상단에 '개발 도구' 탭이 추가된 것을 확인할 수 있다.

10 템플릿을 성적표 형식에 맞도록 수정한다. 회사의 템플릿을 사용하거나 본인이 선호하는 양식을 활용해도 된다.

11 자동으로 텍스트를 추가할 곳에 커서를 두고 [일반 텍스트 콘텐츠 컨트롤] 아이콘을 눌러 추가한다.

12 서식을 지정하고 워드 파일을 저장한다. 예제에서는 학점(Grade), 이름(Name), 점수(Score)를 추가했다.

13 성적 엑셀 파일과 성적표 워드 템플릿 파일을 OneDrive에 업로드한다.

14 [인스턴트 클라우드 흐름]을 생성하고 Excel Online (Business) 작업을 추가한다.

15 Excel Online 작업의 [테이블에 있는 행 나열]을 선택한다.

16 ①위치와 문서 라이브러리를 OneDrive로 지정하고 ②파일을 OneDrive의 경로에서 엑셀 파일을 찾아 지정한다.

17 엑셀에서 테이블을 지정하였다면 리스트에 테이블이 보일 것이다. '성적' 테이블을 선택한다.

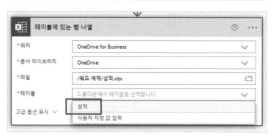

18 각 행의 학점을 계산하기 위해서 변수를 추가하자. [기본 제공] → [변수]를 선택하고 [변수 초기화] 작업을 선택하여 추가하자.

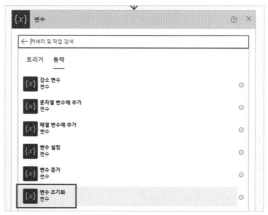

19 변수의 이름은 '학점', 유형은 '문자열'로 지정한다.

20 엑셀 파일의 각 행을 계산하기 위해서 [컨트롤] → [각각에 적용] 작업을 추가하자.

21 각각에 적용(Loop)할 항목은 행의 Value이다. 동적 콘텐츠의 엑셀 Value를 선택한다.

22 각 학생의 점수가 80점 이상이면 'A', 70점 이상이면 'B', 70점 이하이면 'C'로 학점을 부여해보자. '각각의 적용' 작업 안에 [컨트롤] → [조건] 작업을 추가한다.

23 값은 [동적 콘텐츠]에서 [식]을 선택하고 아래 함수 칸에 다음과 같은 함수를 입력한다.

함수	int(items('각각에_적용')?['점수'])
설명	엑셀의 점수를 int() 함수를 활용해서 정수 타입으로 변환한다.

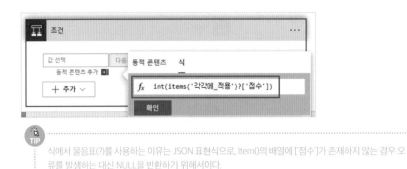

24 조건은 '다음보다 크거나 같음'으로 지정하고 비곳값은 80으로 설정한다.

25 엑셀의 점수가 80보다 크거나 같으면 A학점을 부여하면 되므로 '예인 경우'에 학점 변수를 'A'로 지정하자. ①[기본 제공] → ②[변수]를 선택하고 ③'변수 설정' 작업을 추가한다.

26 19단계에서 생성한 변수인 '학점'에 값을 'A'로 지정한다.

27 점수가 80점 이상이 아니라면 조건은 <아니요인 경우>다. <아니요인 경우>에 조건 작업을 추가한다.

28 이번에는 조건이 70점 이상인 경우이니 값을 다음과 같이 설정한다.

int(items('각각에_적용')?['점수'])

29 앞선 방법으로 <예인 경우>에 변수 설정 작업을 추가해서 다음과 같이 설정한다.

30 70점 이상이 아닌 경우는 C학점을 부여하므로 <아니요인 경우>에 다음과 같이 변수 설정 작업을 추가한다.

31 학점 계산을 완료했다면 이제 워드 파일에 이름, 점수, 방금 계산한 학점을 입력하자. 조건 작업 하단에 Word Online(Business) 작업의 [Microsoft Word 템플릿 채우기] 작업을 추가한다.

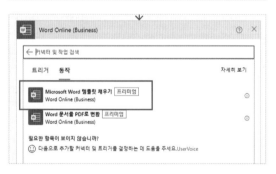

32 ①위치와 문서 라이브러리를 OneDrive로 지정하고 파일을 OneDrive의 경로에서 워드 파일을 찾아 지정한다. ②워드 파일에서 추가한 '일반 텍스트 콘텐츠 컨트롤'이 조회된다.

33 Grade에는 동적 콘텐츠 추가를 눌러 방금 계산한 '학점'을 넣고, Name과 Score에는 엑셀의 '이름'과 '점수'를 넣는다.

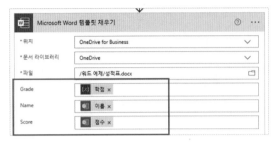

34 이렇게 만들어진 워드 파일을 각 학생의 이메일로 전송해야 한다. 작업을 추가하고 [Office 365 Outlook] → [메일 보내기(V2)] 동작을 추가한다.

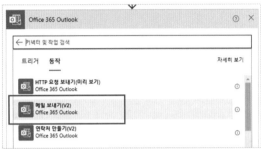

35 받는 사람은 엑셀의 이메일로 설정하고, 제목과 본문을 다음과 같이 작성한다.

36 하단의 [고급 옵션 표시]를 선택하면 첨부 파일을 추가할 수 있다. ①첨부 파일 이름은 엑셀의 [이름].docx로 입력하고 ②콘텐츠는 동적 콘텐츠의 Word 문서를 선택한다.

> 🖱️ **TIP**
> 첨부 파일은 MS Word 문서이기 때문에 워드의 확장자인 docx를 입력한다.

37 흐름을 저장하고 테스트해보자. 각각의 학생에게 성적표가 첨부된 메일이 전송된다.

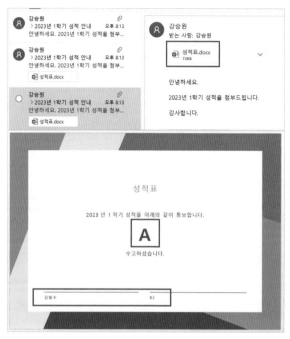

PDF로 파일 변환하기

예제에서는 워드 파일을 학생의 메일로 전송했다. 워드 파일을 PDF로 변환하여 메일을 보내는 방법에 대해서 알아보자.

01 OneDrive에 성적 워드 문서를 저장할 폴더를 추가한다.

02 Word 템플릿 채우기 작업
과 메일 보내기 작업 사이에
OneDrive 파일 만들기 작업
을 추가한다.

03 폴더 경로는 성적 결과를 저
장할 폴더로 지정하고 파일
이름은 엑셀에 저장된 학생
이름.docx로 저장한다.

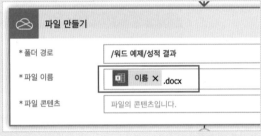

04 파일 콘텐츠는 성적표 워드
문서를 넣는다.

05 생성한 성적표 파일을 PDF로 변환하자. Onedrive for Business 작업에서 '파일 변환'을 추가한다.

06 파일은 전 단계에서 생성한 파일의 'ID'로, 대상 유형은 'PDF'로 설정한다.

07 [메일 보내기(V2)] 작업에서 첨부 파일 이름과 콘텐츠를 전 단계에서 변환한 파일 이름과 파일 콘텐츠로 변경한다.

08 흐름을 저장하고 테스트해보자. 학생의 메일로 성적표 PDF 파일 첨부된 메일이 발송된다.

엑셀 오피스 스크립트 급여계산
자동화하기

실행 영상 보기
https://youtu.be/gcwgJUjDriw

엑셀 오피스 스크립트(Office Script)는 온라인 웹 엑셀에서 반복적인 작업을 자동화한다. 스크립트를 만들어 원할 때마다 재생할 수 있으며, 조직 전체에서 스크립트를 공유할 수 있다.

> ■ **Excel Online 사이트 : https://www.microsoft365.com/launch/excel**

새 메일이 오면 첨부파일에 오피스 스크립트를 적용하여 실행할 수 있도록 자동화해 보자.

메일로 아래 왼쪽 그림과 같이 이름, 근무시간, 시급이 정리된 엑셀 문서가 오면 오른쪽 그림처럼 자동으로 급여를 계산한다. 그리고 표로 만드는 스크립트를 실행하는 자동화 흐름을 만들어 보자.

스크립트(RPA) 실행 전			스크립트(RPA) 실행 후			
	A	B	C	A	B	C	D
	이름	근무시간	시급	이름	근무시간	시급	급여
1	이름	근무시간	시급	이름	근무시간	시급	급여
2	홍길동	49	9500	홍길동	49	9500	465500
3	김영희	47	11000	김영희	47	11000	517000
4	박철수	52	10000	박철수	52	10000	520000
5							

TIP

오피스 스크립트를 사용하려면 먼저 관리자가 해당 스크립트를 사용하도록 설정해야 한다.

01 온라인 웹에서 엑셀 파일을 연다. 상단 메뉴에서 ①[자동화] → ②[작업 레코딩]을 눌러 스크립트 녹화를 시작한다.

02 D열에 '급여'를 입력해서 칼럼을 추가 한다.

	A	B	C	D	E
1	이름	근무시간	시급	급여	
2	홍길동	49	9500		
3	김영희	47	11000		
4	박철수	52	10000		
5					

03 테이블로 만들 칼럼을 선택하고 상단 메뉴에서 [삽입] → ①[테이블]을 선택한다. ②'표에 머리글이 있습니다'를 체크하고 ③[확인]을 누른다.

04 ①[표 디자인] → ②[표 이름] 에 테이블 이름 '급여'를 지정한다.

05 급여 셀을 선택하고 함수 입력 란에 근무시간과 시급을 곱하는 식을 입력한다.

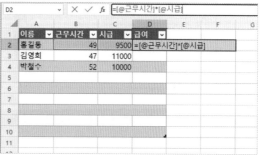

06 녹화를 원하는 작업이 모두 끝났으면, 오른쪽 작업 레코 딩 메뉴에서 [중지]를 눌러 녹화를 중지한다.

07 메일로 받은 첨부파일을 저장할 폴더를 OneDrive에 생 성한다.

08 [자동화된 클라우드 흐름]을 추가하고 Outlook의 [새 메일이 도착하면] 트리거를 로 설정한다.

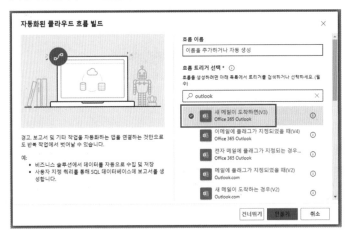

09 트리거에 '고급 옵션 표시'를 열어 ①첨부 파일 포함은 '예'로 하고 ②제목 필터에 '급여'를 입력 한다.

10 첨부파일을 OneDrive에 저장할 수 있도록 OneDrive for Business의 [파일 만들기]를 추가한다.

11 ①폴더 경로는 OneDrive에 생성한 폴더로 설정하고, ② 파일 이름과 콘텐츠는 메일의 '첨부 파일 이름'과 '첨부 파일 콘텐츠'로 각각 설정한다. 이렇게 설정하면 ③'각각에 적용' 작업이 자동으로 생성되고 그 안으로 [파일 만들기] 작업이 이동한다.

12 OneDrive에 생성한 엑셀 첨부파일을 가져오기 위해서 [각각에 적용] 작업 다음에 OneDrive for Business의 [폴더의 파일 나열] 동작을 추가한다.

13 폴더는 OneDrive에 생성한 폴더로 지정한다.

14 Excel Online의 [스크립트 실행]을 추가한다.

15 ①위치와 문서 라이브러리는 OneDrive로 설정하고, ②파일은 [폴더의 파일 나열] 동작의 'ID'로 설정한다. 설정하고 나면 ③[파일 만들기] 동작과 마찬가지로 [각각에 적용] 동작이 생성된다.

16 하단의 스크립트는 엑셀에서 녹화했던 스크립트를 선택해서 입력한다.

17 메일로 '급여' 제목을 포함한 엑셀 파일을 첨부해서 전송해 보자.

18 메일의 첨부파일이 OneDrive 폴더에 저장되고 내용이 테이블로 생성된 다음, 급여가 자동으로 계산된다.

내 파일 > 문서 > **급여표**

	A	B	C	D	E
1	이름	근무시간	시급	급여	
2	노코드 근무자1	30	9500	285000	
3	노코드 근무자2	50	10000	500000	
4	노코드 근무자3	45	10200	459000	
5	노코드 근무자4	46	10500	483000	
6	노코드 근무자5	52	11000	572000	
7					
8				0	
9				0	
10				0	

엑셀 스크립트 추가 기능

생성된 스크립트는 엑셀의 작업 레코딩 목록에서 확인하거나 OneDrive의 Office 스크립트 폴더에서 확인 가능하다.

코드 편집기 ✕
← 모든 스크립트

스크립트 1
님의 OneDrive

▷ 실행   ✎ 편집   ···

내 파일 > 문서 > **Office 스크립트**

☐ 이름 ∨

📄 스크립트 1.osts

작업 레코딩을 통해 생성한 스크립트는 코드 편집기에서 편집이 가능하다.

해당 스크립트를 선택하고 편집을 누르면 간단한 코딩을 통해서 스크립트를 변경할 수 있는 창이 열린다.

코드 편집기

← 스크립트 세부 정보

▷ 실행   ⟳ 스크립트 저장

🗐 스크립트 1

```
1  function main(workbook: ExcelScript.Workbook) {
2    let selectedSheet = workbook.getActiveWorksheet();
3    // Set range D1 on selectedSheet
4    selectedSheet.getRange("D1").setValue("급여");
5    // This action currently can't be recorded.
6    // Add a new table at range A1:D4 on selectedSheet
7    let newTable = workbook.addTable(selectedSheet.getRange("A1:D4"), true);
8    // Rename table newTable to "급여"
9    newTable.setName("급여");
10   let __ = workbook.getTable("급여");
11   // Resize the table __
12   __.resize(selectedSheet.getRange("A1:D10"));
13   // Set range D2 on selectedSheet
14   selectedSheet.getRange("D2").setFormulaLocal("=[@근무시간]*[@시급]");
15 }
```

여기서 활성 셀 읽기, 범위에 데이터 추가, 셀 변경, 테이블 작업 등 다양한 기능을 추가할 수 있다. 스크립트를 활용할 수 있는 예제와 설명은 Microsoft 홈페이지의 Documentation에서 제공하고 있다. 아래 링크를 참조하자.

■ **https://learn.microsoft.com/en-us/office/dev/scripts/overview/excel**

폼즈 첨부파일, Lists 목록으로 저장 자동화하기

실행 영상 보기
https://youtu.be/qTdr7XbJMs8

Microsoft Forms는 마이크로소프트에서 제공하는 간단하고 직관적인 폼 제작 도구다. 이를 사용하여 사용자들은 간단한 설문조사, 퀴즈, 피드백 폼 등을 쉽게 만들 수 있다.

Microsoft Forms(이하 폼즈)는 Microsoft 엑셀과 연동되어 응답 데이터를 엑셀로 내보내거나, 엑셀에서 응답 데이터를 가져올 수 있다. Microsoft Teams, SharePoint, OneNote 등과도 연동이 가능하며, 사용자들은 이를 사용하여 다양한 목적에 맞는 폼을 제작할 수 있다.

폼즈는 파워 오토메이트와 연결해서 업무 자동화를 가장 쉽고 빠르게 적용할 수 있다. 회의실 예약, 사무용품 구매 요청, 제증명서 신청 등 기업의 제반 사무업무를 폼즈 자동화로 시스템화해서 사용할 수 있다.

폼즈에서 양식을 작성하고 첨부파일을 업로드하면 첨부파일을 Office My List에 저장하는 자동화 흐름을 구현해보자. 이번 예제에서는 학생이 취득한 자격증 정보를 입력하고 자격증 사본을 업로드하는 양식을 폼즈로 구현해서 제출한 정보를 Office My List에 저장한다.

01 폼즈로 접속해서 [새 양식]을 선택해 질문 양식을 만들자.

02 오른쪽 상단 스타일 메뉴에서 원하는 스타일을 선택한다.

03 ①'제목 없는 양식'이라고 되어있는 제목을 선택한다. ②제목과 설명을 입력한다.

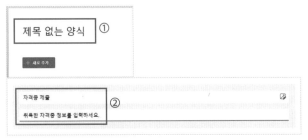

04 ①질문을 추가하기 위해서 [+ 새 항목 삽입]을 선택한다. ② [텍스트]를 선택해서 질문을 추가한다.

05 ①질문 제목을 입력하고 ②필수 항목에 체크한다.

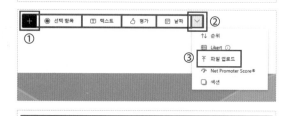

06 같은 방식으로 나머지 자격증 정보를 입력하는 양식을 만들자.

1. 이름을 입력하세요. *

    답변을 입력하세요.

2. 취득한 자격증을 입력하세요. *

    답변을 입력하세요.

3. 자격증 취득일자를 입력하세요. *

    날짜(yyyy-MM-dd)를 입력해 주세요.

07 ①[새로 추가] → ②[아래 화살표]를 선택하여 다양한 양식을 선택할 수 있다. ③파일 업로드를 선택한다.

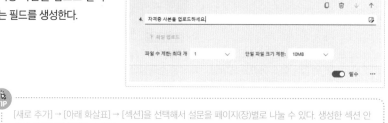

08 자격증 사본을 업로드 할 수 있는 필드를 생성한다.

4. 자격증 사본을 업로드하세요!

    ↑ 파일 업로드

    파일 수 제한: 최대 개   1   단일 파일 크기 제한: 10MB

    필수

TIP

[새로 추가] → [아래 화살표] → [섹션]을 선택해서 설문을 페이지(장)별로 나눌 수 있다. 생성한 섹션 안에 추가 항목을 생성할 수 있다.

사용자가 첫 페이지에서 항목을 모두 입력하고 [다음] 버튼을 클릭하면 다음 장으로 넘어가서 미리 기재한 질문에 계속 답변할 수 있다.

---

09 양식을 모두 설정했으면 오른쪽 상단 [응답 수집]을 클릭해서 링크 복사, 초대 또는 QR코드 등의 방법으로 자격증을 제출할 사용자에게 공유할 수 있다.

10 9단계의 방법으로 질문 링크에 접속해서 답변을 제출해보자.

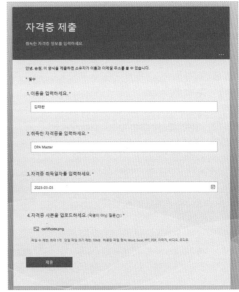

> **TIP**
> Form에서 업로드한 파일은 [OneDrive] → [내 파일] → [앱] → [Microsoft Forms] 폴더 아래 [Forms 양식 제목] → [질문] 폴더에 저장되어 있다. 사용자 환경에 따라서 경로는 조금 다를 수 있다.
>
> 내 파일 〉 앱 〉 Microsoft Forms 〉 자격증 제출 〉 **질문**
>
> | 🗋 이름 ∨ | 수정된 날짜 ∨ |
> | --- | --- |
> | 🖼 certificate_승원 강.png | 몇 초 전 |

11 Microsoft Lists에 접속해서 새 목록을 생성하자.

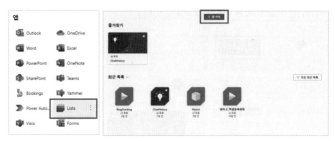

12 목록 이름과 설명, 정보를 입력하고 생성한다.

13 [텍스트] 타입의 자격증 열을 추가한다.

14 [날짜 및 시간]으로 자격증 취득일자 열을 생성한다.

15 파워 오토메이트 흐름을 생성하자. [자동화된 클라우드 흐름]을 생성하고 트리거는 Microsoft Forms에 [새 응답이 제출되는 경우]를 선택한다.

16 양식 ID는 폼즈에 생성한 양식을 선택한다.

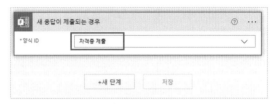

17 새 단계를 생성하고 Microsoft Forms 작업의 [응답 세부 정보 가져오기] 동작을 추가한다.

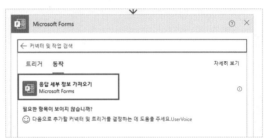

18 양식 ID는 '자격증 제출' 양식을 선택하고 응답 ID에는 [동적 콘텐츠] → [응답 ID]를 선택한다.

19 새 단계를 추가하고 Share-Point 작업의 [항목 만들기] 동작을 추가한다.

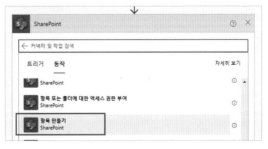

20 11단계에서 생성한 My List URL을 사이트 주소에 입력하고, '자격증 목록'을 선택한다.

21 제목에는 이름을 입력하고, 자격증과 취득 일자를 동적 콘텐츠에서 선택하여 입력한다.

22 업로드한 자격증 사본을 원드라이브에 저장하려면 [응답 세부 정보 가져오기]에서 가져온 자격증 데이터를 JSON 형식으로 변환해야 한다. 새 단계를 추가하고 데이터 작업에서 [작성] 동작을 선택하여 추가한다.

23 동적 콘텐츠에서 [식]을 선택하고 함수 입력 칸에 JSON 함수를 입력한다.

24 JSON 함수 안에 [동적 콘텐츠] → [응답 세부 정보 가져오기]의 자격증을 선택하여 넣고 확인을 선택한다.

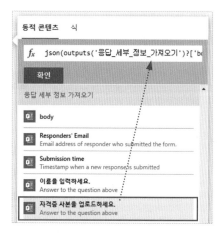

25 [작성] 단계는 알아보기 쉽게 이름을 'Get Certificate Info'로 변경했다.

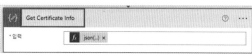

26 JSON으로 변환한 정보를 활용해서 원드라이브에 저장된 파일 콘텐츠를 가져오자. [OneDrive for Business]의 동작 항목 중 [파일 콘텐츠 가져오기]를 추가한다.

27 파일 속성에는 수식으로 다음과 같은 함수를 입력한다.

함수	outputs('Get_Certificate_Info')[0]['id']
설명	JSON으로 변환한 데이터에서 0 번째 값의 id 정보를 가져온다.

28 가져온 콘텐츠를 항목에 첨부 파일로 추가하자. SharePoint 작업의 [첨부 파일 추가] 동작을 추가한다.

29 ①사이트 주소와 목록 이름은 My List의 URL과 이름을, ② ID는 항목 만들기 작업의 'ID' 를 입력한다.

30 파일 이름은 수식으로 다음과 같은 함수를 입력한다.

함수	outputs('Get_Certificate_Info')[0]['name']
설명	JSON으로 변환한 데이터에서 0 번째 값의 name 정보를 가져온다.

31 파일 콘텐츠는 [파일 콘텐츠 가져오기] 작업의 '파일 콘텐츠'를 선택한다.

32 흐름을 저장한다. 폼즈 URL에 접속해서 양식을
작성하고 자격증 사본을 업로드 한 뒤 제출한다.

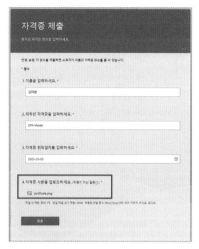

33 흐름이 실행되고 목록에 이름, 자격증 정보와 함께 첨부 파일이 저장된다.

여러 개 첨부파일 저장하기

폼즈에서 첨부 파일을 1개가 아닌 여러 개를 첨부
해서 셰어포인트에 저장하는 방법을 알아보자.

01 먼저 JSON 구문 분석 작업을 활용해서
흐름을 간결하게 수정해 보자.
실행 기록에서 성공한 흐름을 선택해서
[Get Certificate Info] 작업의 출력을 복
사한다.

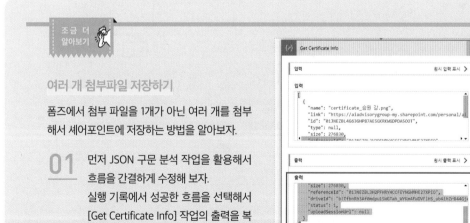

02 흐름 편집으로 이동해서 [Get Certificate Info] 작업을 삭제하고 [데이터 작업] → [JSON 구문 분석]을 추가한다.

03 콘텐츠는 ①[응답 세부 정보 가져오기] 작업의 자격증 사본을 선택하고 ②스키마는 [샘플에서 생성]을 선택해서 2단계에서 복사한 출력을 붙여 넣고 완료를 선택하면 자동으로 입력된다.

04 다음 단계인 [파일 콘텐츠 가져오기]의 파일을 JSON 구문 분석 작업의 'id'로 수정한다.

05 자동으로 [각각에 적용] 작업이 생성되고, 출력은 JSON 구문 분석의 본문이 선택되어 그 안으로 [파일 콘텐츠 가져오기] 작업이 이동한다.

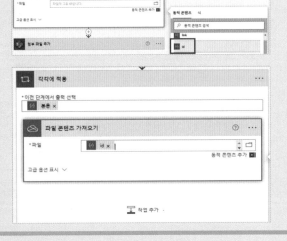

06 [첨부 파일 추가] 작업을 드래
그 앤 드랍으로 '각각에 적용'
작업 안으로 이동한다. 그리
고 파일 이름을 JSON 구문 분
석의 name으로 수정한다.

07 폼즈에서 '파일 수 제한' 개수
를 수정한다.

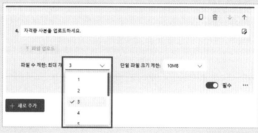

08 이제 폼즈에서 첨부 파일을
여러 개 업로드하면 [각각의
적용] 작업(Loop)을 통해서 여
러 개 첨부파일이 셰어포인트
에 업로드 된다.

35

파워 오토메이트 흐름 API로
호출하기

실행 영상 보기
https://youtu.be/LeUXFhI8-s8

파워 오토메이트는 HTTP 요청을 이용해서 타 시스템과 REST API 방식으로 소통한다. HTTP(Hypertext Transfer Protocol) 요청은 클라이언트에서 서버로 데이터를 보내는 API 통신의 프로토콜(일종의 규약, 규칙)이다.

> API란 프로토콜을 사용하여 두 소프트웨어가 서로 통신할 수 있게 하는 도구이다. 예를 들어서 기상청 시스템에 날씨 데이터가 있고, 스마트폰의 날씨 앱에서 API를 통해 기상청 시스템과 소통하여 날씨 데이터 가져와 우리에게 보여준다. REST(Representational State Transfer) API는 HTTP 프로토콜을 기반으로 하는 통신 방식 중 하나이며, RESTful API라고도 한다. 요청을 전송하는 클라이언트는 HTTP 메소드(GET, POST, PUT 등)를 사용하여 서버에 데이터를 요청한다. 서버는 HTTP 상태 코드(200:OK, 404:Not Found)와 함께 요청한 클라이언트에 데이터를 제공한다. 이때 반환된 데이터는 주로 JSON 형식이 사용된다. 2장 11절에서 소개했듯이, JSON 형식은 키와 값이 쌍으로 이루어진 구조를 말한다.

이번에는 PAD와 같이 원격에서 실행되는 프로그램에서 API 방식으로 HTTP 요청을 받았을 때, 파워 오토메이트에서 데이터를 반환하는 흐름을 만들어 보자. 본 예제에서는 사용자 입력을 담은 HTTP 요청을 보내고 HTTP 요청을 받으면 셰어포인트의 내 목록에 사용자가 입력한 데이터를 저장하도록 구성할 것이다.

사용자가 입력하는 데이터는 학생 이름과 점수를 입력할 수 있도록 설정한다.

먼저, 데이터를 저장할 셰어포인트 목록을 생성하자. 왼쪽의 앱 박스를 열어 셰어포인트로 접속한다. 그림과 같이 제목과 Score 칼럼을 가진 간단한 구조를 가진다. Score는 [한 줄 텍스트] 유형으로 생성한다.

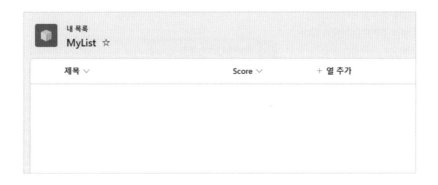

01 HTTP 요청을 받을 흐름을 생성하자. 파워 오토메이트에서 [인스턴트 클라우드 흐름] 흐름을 생성한다. 트리거는 [HTTP 요청을 수신한 경우]를 선택한다.

02 생성된 흐름에서 트리거를 선택하면 다음 그림과 같이 보인다. 설정이 끝나면 생성될 HTTP POST URL을 통해서 이 흐름으로 HTTP 요청을 보낼 것이다. URL은 요청을 처리할 리소스의 위치이다. URL은 프로토콜, 도메인 이름, 포트 번호, 리소스 경로 등으로 구성된다.

03 요청 본문 JSON 스키마에는 어떤 형식으로 요청을 보낼지를 작성하는 곳이다. 하단에 샘플 페이로드를 사용하여 스키마 생성을 선택한다. 학생 이름과 점수를 HTTP 요청으로 보낼 것이므로 다음과 같이 입력한다.

04 샘플 JSON을 입력하고 [완료] 하면 그림과 같이 자동으로 예제를 인식하여 JSON 스키마를 생성해준다.

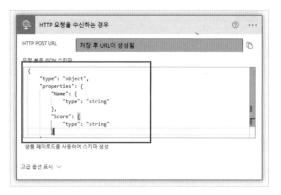

05 생성한 JSON 형식으로 HTTP 요청을 받으면, 셰어포인트에 저장하기 위해 새 단계를 추가하고 셰어포인트 작업의 동작에서 '항목 만들기'를 선택한다.

06 사이트 주소에는 방금 생성한 셰어포인트 목록 URL를 입력하면 된다. URL을 복사해서 '사용자 지정 값 입력'을 선택하고 URL를 붙여 넣으면 자동으로 주소가 형식에 맞게 입력된다.

07 목록 이름 칸을 선택하면 방금 생성한 목록이 보일 것이다. MyList 목록을 선택하면 하단에 자동으로 칼럼들이 보인다.

08 Title 칼럼은 목록의 '제목' 칼럼이다. Title 칼럼을 선택하면 오른쪽 그림과 같이 동적 콘텐츠를 추가할 수 있는 박스가 열린다.

09 ① Title에는 'Name', ② Score에는 'Score' 변수를 넣고 흐름을 저장한다.

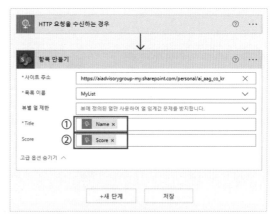

10 'HTTP 요청을 수신하는 경우' 트리거를 선택하면 POST 요청을 보낼 URL이 생성되어 있다. 이 URL을 주소 옆에 '복사 아이콘(🗐)'을 눌러 메모장이나 워드 등에 복사해 둔다.

11 이제 HTTP 요청을 보낼 흐름을 생성하자. 신규 [인스턴트 클라우드 흐름]을 생성해서, 2개의 파라미터를 추가한다. ① 제목 입력 칸에는 '이름'을 입력하고 ②같은 방법으로 '점수' 칼럼도 생성한다.

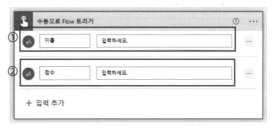

12 HTTP 요청을 보내기 위해
HTTP 작업에서 HTTP 동작을
선택하여 새 단계를 추가한다.

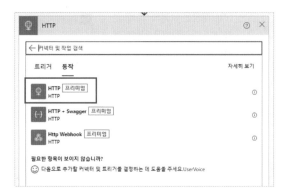

13 HTTP 작업에서 메서드는
POST로 설정하고 이전에 복
사해둔 URL를 붙여 넣는다.

14 HTTP 요청을 받는 흐름을 생성할 때와 같은 JSON 스키마 형식으로 본문을 작성해야 한다. [이름]
과 [점수]는 동적 콘텐츠 추가를 선택하여 추가할 수 있다.

함수	`{`
	  `"name": "[이름]",`
	  `"score": "[점수]"`
	`}`

설명	JSON 형식으로 데이터를 HTTP 요청한다. [이름]과 [점수]는 동적 콘텐츠 추가를 활용하여 입력한다.

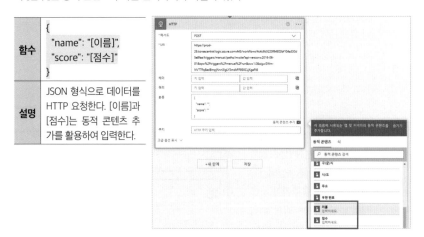

15 모두 올바르게 입력했다면 그림과 같이 메서드와 URI, 본문이 설정된다.

16 이제 흐름을 저장하고 테스트해보자. 이름과 점수에 그림과 같은 값을 입력하고 흐름을 실행했다. 흐름이 성공적으로 실행되면 상태 코드와 함께 테스트가 성공한다.

17 HTTP 요청을 받는 흐름에 가서 흐름 실행 목록을 보면 입력한 값이 HTTP 요청으로 잘 보내졌음을 확인할 수 있다.

18 셰어포인트 목록에서 확인해보면, 방금 흐름으로 입력된 값이 항목으로 생성된다.

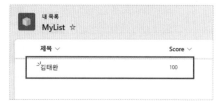

이번 예제에서는 셰어포인트 목록을 활용해서 HTTP 요청을 통해 주고받은 데이터를 저장했지만, 다른 시스템을 연결해서 저장이나 수정, 삭제 등 다양하게 활용할 수 있다.

PAD에서 파워 오토메이트 HTTP 호출하기

API는 원격 시스템 간의 통신이 가능하게 한다. 즉, JAVA나 파이썬과 같이 프로그래밍 언어로 개발한 프로그램에서 파워 오토메이트 흐름을 호출할 수 있다. 이러한 원격 시스템을 대신해서 개인 PC에서 실행하는 PAD로 파워 오토메이트 흐름을 호출해서 실습해보는 것도 좋은 방법이다.

PAD의 [HTTP] → [웹 서비스 호출] 작업을 사용한다. 단, 다음 2가지 사항에 주의해야 한다. ①URL 주소의 '%' 기호는 PAD에서 변수를 정의할 때 사용하는 기호이므로 특수기능의 효력을 삭제하고 문자로 인식하도록 '%%'로 변경한다. 그리고, ②고급 설정의 [요청 본문 인코드] 옵션은 비활성화해야 한다.

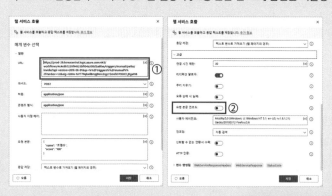

PAD 흐름을 실행하면 셰어포인트 목록에 PAD에서 호출한 데이터가 입력된다.

36

파파고 번역 커스텀 커넥터 만들기

실행 영상 보기
https://youtu.be/f-LBszFvYos

사용자 지정 커넥터는 외부 서비스 API를 사용하여 만든다. 외부 서비스 API를 이해하고 필요한 인증 정보와 액세스 키를 수집한 다음 파워 오토메이트 커넥터 디자이너에서 새로운 커넥터를 생성하면 된다. 커넥터 디자이너를 이용하면 사용자 지정 커넥터에 대한 정보를 입력하고 인증 정보 및 액세스 키를 연결할 수 있다. 그 다음 파워 오토메이트에서 사용자 지정 커넥터를 사용하여 작업흐름을 만들 수 있다. 이러한 방식으로 사용자 지정 커넥터를 만들면 파워 오토메이트에서 지원하지 않은 다른 서비스와 연동하여 비즈니스 프로세스를 자동화할 수 있다. 더불어, **시민 개발자에게는 다소 복잡한 API 호출 정보를 입력하는 과정을 생략하는 장점**이 있다.

이번 절의 실습은 메일이 도착하면 사용자 지정 커넥터로 생성한 Papago API를 사용하여 언어를 감지하고, 만약 감지한 언어가 영어라면 Papago API를 사용해 번역한 다음 번역한 메시지를 다시 메일로 전송하는 흐름으로 진행하고자 한다. 먼저 외부 서비스 API에서 필요한 인증정보와 액세스 키를 수집해보자.

01 네이버 개발자 센터(https://developers.naver.com/main/)에 접속하자. 파파고 번역 API를 사용할 예정이므로, Papago 아이콘을 클릭한다.

02 화면 스크롤하여 내리면 [오픈 API 이용 신청] 버튼이 있다. 클릭하여 API 이용신청을 진행한다.

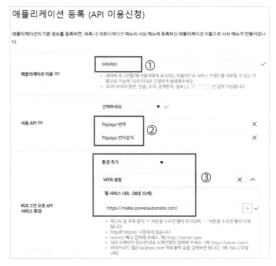

03 애플리케이션 등록(API 이용신청 창)이 나타난다. ①애플리케이션 이름을 작성하고 ② 사용 API는 PAPAGO 번역과 PAPAGO 언어 감지를 선택한다. ③비로그인 오픈 API 서비스 환경은 'WEB 설정'을 선택하고 웹서비스 URL에 파워 오토메이트 URL(https://make.powerautomate.com)을 입력한다. 정보 등록을 마치고 [등록하기] 버튼을 누르면 성공적으로 API 이용신청이 완료된다.

애플리케이션 등록 (API 이용신청)

애플리케이션의 기본 정보를 등록하면, 좌측 내 애플리케이션 메뉴의 서브 메뉴에 등록하신 애플리케이션 이름으로 서브 메뉴가 만들어집니다.

04 API 이용신청이 완료되면 애플리케이션 정보 화면으로 넘어가고 API 연결에 필요한 Client ID와 Client Secret 정보를 알 수 있다.

05 Client ID와 Secret 정보 아래에 Papago API 가이드가 설명되어 있다. 메모장에 기록하여 저장하는 방법으로 활용에 참고하도록 한다.

파파고 NMT API 가이드

가이드에 따라, cURL을 이용해 동작을 확인해 보세요.

사용자 지정 커넥터를 사용하고자 API 정보를 수집했다. 이제 사용자 지정 커넥터를 생성해보자. Papago 언어 감지 API를 사용한 사용자 지정 커넥터와 Papago 번역 API를 사용한 사용자 지정 커넥터를 두 개 생성할 예정이다.

06 파워 오토메이트 자동화 흐름을 만들기 위해서 웹사이트 (https://make.powerautomate.com/)에 접속하자. 왼쪽 메뉴에서 [데이터]를 선택하면, 사용자 지정 커넥터 메뉴가 조회된다. 사용자 지정 커넥터를 선택한다.

07 오른쪽 상단에 [+ 새 사용자 지정 커넥터]를 클릭하고 [처음부터 만들기]를 선택하여 사용자 지정 커넥터를 생성한다. 영어를 한글로 번역하는 API를 생성하기 이전에 메일에 포함된 언어가 영어인지 감지하는 'Papago 언어감지 API'를 생성해보자

사용자 지정 커넥터		+ 새 사용자 지정 커넥터 ∨
		처음부터 만들기
아이콘	이름	동작 Azure 서비스(프리뷰)에서 만들기
🌐	aligo_talk	OpenAPI 파일 가져오기

> **TIP**
> 사용자 지정 커넥터는 다음 순서로 진행한다. **1. 일반** > **2. 보안** > **3. 정의** > **4. 테스트**

08 [1. 일반] 단계에서 일반 정보는 사용자 지정 커넥터에 아이콘과 간단한 설명을 추가한다. 호스트 및 기본 URL이 Swagger 파일에서 자동으로 생성된다. ①체계는 'HTTPS' 선택하고 ②호스트는 openapi.naver.com을 입력한 다음 ③[보안]을 클릭한다.
커넥터 아이콘 업로드, 아이콘 배경색 설정, 설명 작성 부분은 자율적으로 입력하거나 생략해도 상관없다.

일반 정보

커넥터 아이콘 업로드
지원되는 파일 형식은 PNG 및 JPG입니다(1MB 미만).

아이콘 배경색
#007ee5

설명
파파고 번역 커넥터

☐ 온-프레미스 데이터 게이트웨이를 통해 연결 자세한 정보

체계 • ①
⦿ HTTPS ○ HTTP

호스트 •
openapi.naver.com ②

기준 URL
/

③ 보안 →

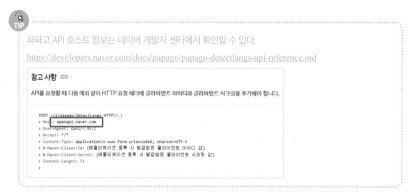

09 [2. 보안]은 인증 형식을 선택하고 필수 필드를 입력하여 사용자 지정 커넥터에 대한 보안 설정을 하는 단계이다. 기본값은 '인증 없음'으로 설정되어 있다. '인증 없음'으로 설정되어 있는지 확인 후 정의로 넘어간다.

10 [3. 정의] 단계에서 동작은 사용자가 수행할 수 있는 작업을 결정한다. 동작은 기본 커넥터의 리소스를 읽고, 만들고, 업데이트 또는 삭제하는 데 사용할 수 있다. ①[+ 새 동작]을 클릭해서 '새 동작'을 생성한다. ②'요약'은 작업의 제목을 지정한다. ③'설명'은 작업의 기능 또는 엔티티 형식 및 기능에 대한 자세한 설명을 기재한다. ④'작업 ID'는 작업을 식별하는 데 사용되는 고유 문자열이다. 여기서는 실습을 위해 간단하게 모두 language라고 입력하자.

11 화면 아래로 이동하면 필요한 사전 요구사항을 정의하는 요청이 있다. 요청은 단일 작업 매개변수를 설명하고 이름과 위치 조합이 고유한 매개 변수를 정의한다. [+ 샘플에서 가져오기]를 누른다.

12 '샘플에서 가져오기'를 선택하면 다음과 같은 창이 오른쪽에 나타난다. ①메서드 옵션은 'POST'를 선택하고 ②URL은 API 가이드 (https://developers.naver.com/docs/papago/papago-detectlangs-overview.mdt)를 참고하여 작성한다. ③헤더에 'Content-Type'과 'X-Naver Client-id'와 'X-Naver Client-Secret'을 입력한다. ④본문을 작성한다. ⑤[가져오기]를 클릭한다.

13 [샘플에서 가져오기]는 데이터 형식의 기본값을 설정하지 못하고, 본문 매개 변수는 하나만 있을 수 있어 본문에 자신이 작성한 코드와 다르게 가져오는 경우가 있다. Swagger 편집기를 이용하여 코드를 수정하자. ①Swagger 편집기를 활성화한다. ②화면 왼쪽으로 Swagger 편집기 창이 나타난다. Name: body 부분에서 schema: type: 이후 빨간 박스로 된 부분을 모두 삭제하고, type: string으로 코드를 편집한 다음 하단에 테스트→ 를 눌러 단계로 넘어간다.

항목 기본값 설정하기

사용자 지정 커넥터를 사용하기 위해 필요한 정보를 매번 반복해서 입력하는
것은 아주 번거롭다. 'Content- type', 'X-naver-Client-Id', 'X-Naver-Client-
Secret' 같은 항목의 값을 기본값으로 설정해서 사용자 편의성을 증대한다. [3.
정의] 단계 요청 부분에서 기본값을 설정할 항목을 클릭하면 편집, 삭제 메뉴가
조회된다. 편집 메뉴를 선택해보자.

매개변수 화면이 조회되는데, 기본값에 설정할 값을 입력한다.

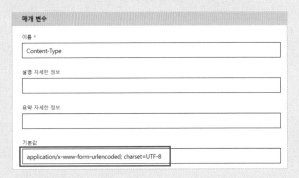

다음 [4. 테스트] 단계 작업 부분에서 성공적으로 기본값이 설정된 것을 확인할 수 있다.

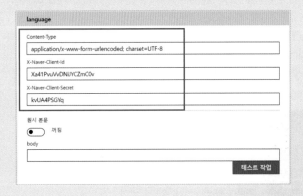

14 [4. 테스트] 단계 작업은 선택한 연결을 통해 이 사용자 지정 커넥터의 지정된 작업을 테스트한다. 최근 변경 내용을 테스트하려면 사용자 지정 커넥터를 업데이트해야 한다. ✓ 커넥터 업데이트 를 클릭하여 커넥터를 저장한다. 테스트를 위한 연결을 추가하기 위해 ①[+ 새 연결]을 클릭하여 연결을 생성한다. ②생성한 연결을 선택한다.

15 '작업'은 사용자 지정 커넥터에서 정의한 작업이다. 여기에는 '작업'과 '트리거'가 포함된다. 'Content-type', 'X-naver-Client-Id', 'X-Naver-Client-Secret'은 기본값이 자동으로 설정되어 있다. ①Body는 API GUIDE를 참고하여 형식에 맞게 작성하고 ②테스트 작업을 진행한다.

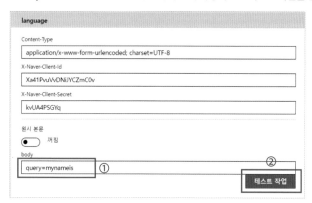

16 테스트 결과 성공적으로 언어 감지를 했다. 즉, 사용자 지정 커넥터가 생성되었다.

17 Papago 번역 사용자 지정 커넥터도 Papago 언어 감지 사용자 지정 커넥터와 과정이 같다 참고하여 생성해보자. 8단계와 9단계 과정을 반복한다. ①[+ 새 동작]을 클릭해 새 동작을 생성한다. ②'요약'은 작업의 제목을 지정한다. ③'설명'은 작업의 기능 또는 엔티티 형식 및 기능에 대한 자세한 설

명을 지정한다. ④'작업 ID'는 작업을 식별하는 데 사용되는 고유 문자열이다. 마찬가지로 실습을 위해 간단하게 모두 Papagoapi를 입력한다.

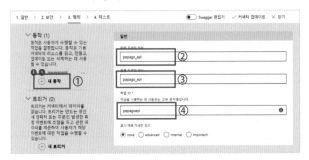

18 화면 아래로 이동하면 필요한 사전 요구사항을 정의하는 요청이 있다. [+ 샘플에서 가져오기]를 누른다.

19 '샘플에서 가져오기'를 선택하면 다음과 같은 창이 오른쪽에 나타난다. ①메서드 옵션은 'POST'를 선택하고 ②'URL'은 API 가이드를 참고하여 https://openapi.naver.com/v1/papago/n2mt를 작성한다. ③헤더에 'Content-Type'과 'X- Naver Client-id'와 'X-Naver Client-Secret'을 입력한다. ④본문을 작성한다. ⑤가져오기를 클릭한다.

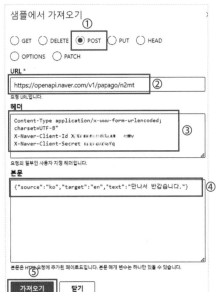

20 [샘플에서 가져오기]는 데이터 형식의 기본값을 설정하지 못하고, 본문 매개 변수는 하나만 있을 수 있어 본문에 자신이 작성한 코드와 다르게 가져오는 경우가 있다. Swagger 편집기를 이용하여 코드를 수정하자. ①Swagger 편집기를 활성화한다. ②화면 왼쪽으로 Swagger 편집기 창이 나타나게 된다. Name: body 부분에서 schema: type: 이후 빨간 박스로 된 부분을 모두 삭제하고, type: string으로 작성한다. Swagger 편집기에서도 기본값을 지정할 수 있다. 각 항목 type: string 다음에 default: 값을 알맞게 넣어준 다음 하단에 테스트 → 를 눌러 단계로 넘어간다.

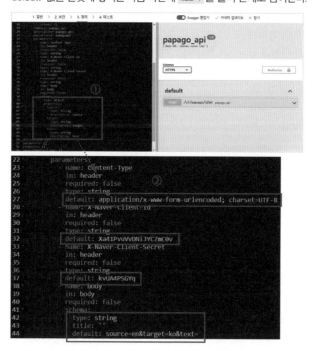

21 ✓ 커넥터 업데이트 를 클릭하여 커넥터를 저장한다. 테스트를 위한 연결을 추가하기 위해 ①[+ 새 연결]을 클릭하여 연결을 생성한다. ②생성한 연결을 선택한다.

22 작업에서 Content-type과 id, secret은 기본값이 설정되어 있다. ①body는 API GUIDE를 참고하여 형식에 맞게 작성하고 ②[테스트 작업]을 진행한다.

테스트 결과 성공적으로 번역을 했다. 즉, 사용자 지정 커넥터가 생성되었다.

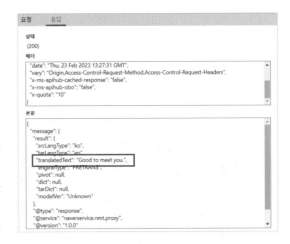

이제 메일이 도착하면 사용자 지정 커넥터로 생성한 Papago API를 사용하여 언어 감지를 하고, 만약 감지한 언어가 영어라면 Papago API를 사용하여 번역한 다음 번역된 메시지를 다시 메일로 전송하는 사동화 흐름을 생성해보자.

23 [자동화 클라우드 흐름]을 생성해서, Outlook 문구로 검색하고 [새 메일이 도착하면(v3)] 트리거를 선택한다.

24 [새 단계] 버튼을 클릭하여 다음 자동화 단계를 추가한다. ①"Html"로 검색한 후 ②[Content conversion] 커넥터를 선택하고 ③ [Html에서 텍스트로 변환(미리보기)] 동작을 선택한다.

25 콘텐츠는 동적 콘텐츠 추가에서 새 메일이 도착하였을 때 메일 본문 값을 선택한다.

HTML에서 텍스트로 변환(미리보기)

이 작업을 사용하면 HTML 코드로 작성된 문자열을 일반 텍스트로 변환할 수 있다. 이 기능을 통해 파워 오토메이트로 웹사이트에서 데이터를 추출할 수 있으며 이메일에서 텍스트 메시지를 추출하거나 다른 비즈니스 프로세스에서 유용한 데이터를 추출할 수 있다.

26 [새 단계] 버튼을 클릭하여 다음 자동화 단계를 추가한다. ①'사용자 지정'을 선택한 다음 ②방금 만들었던 언어 감지 사용자 지정 커넥터의 [Papago-api_1] 커넥터를 클릭한 후 ③ 언어 감지 사용자 지정 커넥터 트리거 [language] 동작을 선택한다.

27 기본값을 설정하여 자동으로 Content-Type과 id, secret이 설정되어 있다. body에서 언어를 감지할 값만 입력하면 된다. 동적 콘텐츠 추가에서 html 텍스트로 변환한 일반 텍스트 내용을 선택한 후 ☐ 저장 한다.

28 테스트를 진행하고 결과 화면에서 언어 감지 사용자 지정 커넥터의 결과 body 값을 복사한다.

언어 감지 사용자 지정 커넥터 출력 결괏값을 그대로 사용하여 비교하면 좋겠지만 앞의 그림처럼 "langCode"와 같이 속성 이름 값까지 불러오므로 JSON 구문 분석을 이용하여 필요한 값 "en"만 추출하는 과정이 필요하다.

29 [새 단계] 버튼을 클릭하여 다음 자동화 단계를 추가한다. ①"JSON 구문 분석"으로 검색한 후 ②[데이터 작업] 커넥터를 선택하고 ③[JSON 구문 분석] 동작을 선택한다.

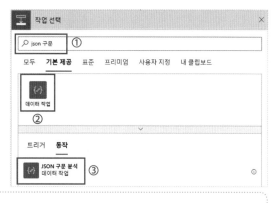

TIP JSON 구문 분석에 대한 자세한 설명은 2장 11절 개체변수를 참고하자.

30 콘텐츠에 ①[동적 콘텐츠 추가]를 클릭하여 ②언어 감지 API [body]를 선택한 다음 ③[샘플에서 생성]을 실행하여 스키마를 작성하자.

31 앞서 샘플에서 생성을 실행하면 [샘플 JSON 페이로드 삽입] 창이 뜬다. ①28단계에서 언어 감지 사용자 지정 커넥터 생성 결과에서 복사한 body 값을 붙여 넣고 ②[완료] 버튼을 클릭한다.

32 스키마가 다음과 같이 자동으로 생성되었다.

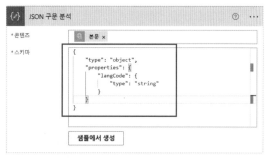

33 감지한 언어가 영어인지 판별하기 위한 language와 en 변수를 생성하자. [새 단계] 버튼을 클릭하여 다음 자동화 단계를 추가한다. ①"변수"로 검색한 후 ②[변수] 커넥터를 선택하고 ③[변수 초기화] 동작을 선택한다.

34 ①이름은 language로 ②유형은 문자열로 ③전 단계 JSON 구문 분석을 통해 얻은 language 값을 문자열 유형으로 생성한다. en 변수도 language 변수와 동일한 과정으로 생성한다.

35 [새 단계] 버튼을 클릭하여 다음 자동화 단계를 추가한다. ①"컨트롤"로 검색한 후 ②[컨트롤] 커넥터를 선택하고 ③[조건] 동작을 선택한다.

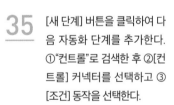

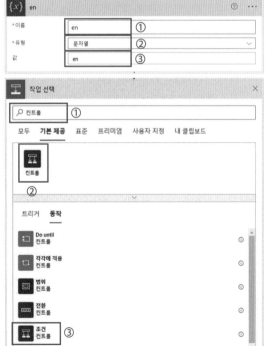

36 ①첫 번째 값은 ②동적 콘텐츠 추가를 이용하여 ③[language] 변수를 클릭하고 ④비교 조건은 '다음과 같음'을 선택한다. ⑤두 번째 값은 ② 동적 콘텐츠 추가를 이용하여 ⑥[en] 변수를 작성한다.

37 Language의 영어 값이 True면 언어 번역 사용자 지정 커넥터를 실행하여 메일을 보내도록 '예'인 경우에서 진행한다. [새 단계] 버튼을 클릭하여 다음 자동화 단계를 추가한다. ①사용자 지정을 선택해서 ②방금 만들었던 언어 감지 사용자 지정 커넥터 [Papago-api]를 클릭한 후 ③언어 감지 사용자 지정 커넥터 트리거 [papagoapi] 동작을 선택한다.

38 기본값을 설정하면 자동으로 'Content Type'과 'ID', 'secret', 'body'가 설정되어 있다. body에서 번역할 값만 입력하면 된다. 동적 콘텐츠 추가에서 html 텍스트로 변환한 일반 텍스트 내용을 선택한 후 저장한다.

39 테스트를 진행한 결과화면에서 언어 번역 사용자 지정 커넥터의 결과 body 값을 복사한다.

40 언어 번역 사용자 지정 커넥터 역시 언어 감지 사용자 지정 커넥터와 마찬가지로 출력 결괏값을 그대로 사용하여 비교하면 좋겠지만 앞의 그림처럼 srcLangType, tarLangType 등 같이 불필요한 속성 이름값을 불러오므로 JSON 구문 분석을 이용해서 필요한 'translated Text' 값만 추출하는 과정이 필요하다. [새 단계] 버튼을 클릭하여 다음 자동화 단계를 추가한다. ①"JSON 구문 분석"으로 검색한 후 ②[데이터 작업] 커넥터를 선택하고 ③[JSON 구문 분석] 동작을 선택한다. 앞선 29단계와 동일하다.

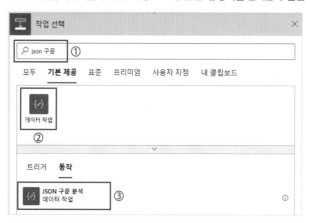

41 콘텐츠에 ①동적 콘텐츠 추가를 클릭하여 ②언어 번역 API 'body'를 선택한 다음 ③[샘플에서 생성]을 실행하여 스키마를 작성하자.

42 앞서 '샘플에서 생성'을 실행하면 [샘플 JSON 페이로드 삽입] 창이 뜬다. ①39단계에서 언어 감지 사용자 지정 커넥터의 결과 body 값을 복사해서 붙여넣기하고 ②[완료] 버튼을 클릭한다.

43 스키마가 다음과 같이 자동으로 생성되었다.

44 이제 번역한 텍스트를 메일로 작성해보자. [새 단계] 버튼을 클릭하여 다음 자동화 단계를 추가한다. ①"Mail"(혹은 "Outlook")로 검색한 후 ②[Office 365 Outlook] 커넥터를 선택하고 ③[메일 보내기(v2)] 동작을 선택한다.

45 ①[받는 사람]을 지정하고 ②[제목]을 입력한다. ③[본문]은 ④동적 콘텐츠 추가에서 ⑤[translated Text]를 선택하여 작성한 후 💾 저장 버튼을 누른다.

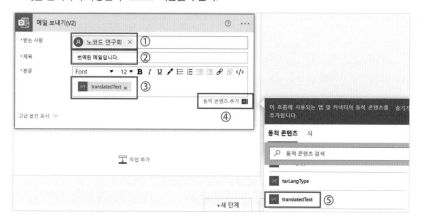

테스트 결과 성공적으로 값을 번역했다.

Slack 연동 및 자동화하기

실행 영상 보기
https://youtu.be/r5SAjyQOocU

Slack은 업무와 팀 커뮤니케이션을 위한 클라우드 기반의 메시징 및 협업 도구이며, 중견/중소 기업에서 많이 사용되고 있다. Slack은 팀원들이 일반적으로 사용하는 다양한 채널을 통해 이메일, 메시지, 파일 공유, 논의 등의 작업을 쉽게 수행할 수 있도록 한다. Slack은 실시간 메시징을 통해 빠른 대화를 할 수 있으며, 팀원들과 함께 작업 중인 파일을 쉽게 공유하고 편집할 수 있다. 또한, Slack은 다양한 앱과 통합되어 있어 파워 오토메이트, 깃허브(GitHub) 등과 같은 도구를 연동하여 사용할 수 있다. 이를 통해 업무 생산성을 높일 수 있다.

파워 오토메이트에서 Slack 메시지를 게시하고, 게시된 메시지를 메일로 보내는 흐름을 만들어보자. 먼저, Slack 계정을 생성하여 채널을 개설해보자.

01 Slack 사이트(https://slack.com) 메인 화면에서 가입하기 버튼을 클릭한다. [이메일로 가입하기] 또는 [Google로 가입] 중에서 선택해서 진행한다. 만약 계정이 있다면 1단계를 생략하고 2단계로 넘어가자.

02 [Google로 가입] 메뉴를 선택하면, Google 계정으로 가입하기 창이 나타난다. Slack에서 사용할 자신의 Google 계정을 선택한다.

03 자신이 선택한 Google 계정으로 로그인을 할 것인지 확인하는 화면으로 넘어간다. [확인] 버튼을 클릭한다.

04 Slack에서 시작하기 화면이 등장한다. ①각종 약관과 개인정보 처리 방침에 동의하고 ② [워크스페이스 생성] 버튼을 클릭한다.

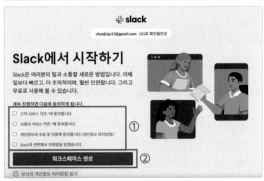

05 계정이 성공적으로 생성됐다. 이제 워크스페이스를 개설해 보자. ①Slack 워크스페이스 이름을 작성한 후 ②[다음] 버튼을 클릭한다.

06 ①새 워크스페이스 팀에 팀원을 추가한 후 ②[다음] 버튼을 클릭한다. 추가할 팀원이 없는 경우 [이 단계 건너뛰기]로 과정을 생략할 수 있다. 실습 과정에서는 [이 단계 건너뛰기]로 진행한다.

07 ①채널 이름을 작성하고 ②[다음] 버튼을 클릭한다.

08 채널 새 워크스페이스와 채널이 생성된 것을 확인할 수 있다.

09 이제 파워 오토메이트에서 Slack 메시지를 게시하고, 게시된 메시지를 메일로 보내는 흐름을 만들어보자. 파워 오토메이트 웹사이트에 접속해서, [인스턴트 클라우드 흐름]을 생성한다. 수동으로 Flow 트리거에서 사용자 입력 종류 중 텍스트를 선택해서, text 변수를 생성한다.

10

[새 단계] 버튼을 클릭하여 다음 자동화 단계를 추가한다. ①"Slack"로 검색해서 ② Slack 커넥터를 선택하고 ③ [메시지 게시(V2)] 동작을 선택한다.

TIP

Slack을 Power automate에 연동하여 다음과 같은 업무를 자동화할 수 있다.
• 공개 채널 나열
• 공개 채널 참가
• 방해 금지 설정
• 메시지 게시
• 방해 금지 설정
• 채널 만들기

11

[로그인] 버튼을 클릭하여 Slack과 연동한다.

12

권한 요청 창이 나타난다. [허용] 버튼을 클릭한다.

13 ①채널 이름을 선택하고 ②메시지 텍스트는 9단계 동적 콘텐츠 추가에서 생성한 ③text 변수를 삽입한다.

14 [새 단계] 버튼을 클릭하여 다음 자동화 단계를 추가한다. ①"Outlook"으로 검색한 후 ②Outlook 커넥터를 선택하고 ③ [메일 보내기 (V2)] 동작을 선택한다.

15 ①[받는 사람]을 지정하고 ②[제목]을 작성하고 ③[본문]은 ④동적 콘텐츠를 이용하여 입력한 다음 ⑤ [저장] 한다.

16 흐름 테스트 결과 Slack에 성공적으로 메시지를 게시하고 메일도 전송한다.

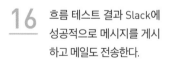

ServiceNow 연동하기

실행 영상 보기
https://youtu.be/aVuMQ_w503o

ServiceNow는 클라우드 기반 IT 서비스 관리 플랫폼이다. IT 서비스 관리, 운영, 비즈니스 프로세스 자동화, 엔터프라이즈 서비스 관리 등 엔터프라이즈 내의 다양한 비즈니스 운영을 지원하는 데 사용한다. ServiceNow는 다양한 모듈을 제공하며 다양한 IT 서비스를 관리할 수 있다. 개별 모듈은 상호 연결되어 있어 기업 내의 여러 부서가 통합된 방식으로 함께 작업할 수 있다. ServiceNow는 IT 관리자와 전문가가 아닌 사용자에게 사용하기 쉬운 UI를 제공한다. ServiceNow는 또한 다른 시스템과의 협업을 강화하고 비즈니스의 효율성을 개선하기 위해 다양한 통합 기능을 제공할 수 있다. 이러한 기능은 엔터프라이즈 IT 서비스 관리 및 운영에 매우 유용하다. 프로세스 자동화 및 엔터프라이즈 서비스 관리를 포함한 기업 내의 다양한 비즈니스 운영에도 사용된다.

ServiceNow를 파워 오토메이트에 연동하여 다음과 같은 업무를 자동화할 수 있다.

- **ServiceNow 레코드 나열**
- **ServiceNow 레코드 생성**
- **ServiceNow 레코드 삭제**
- **ServiceNow 레코드 업데이트**
- **ServiceNow 레코드 가져오기**
- **ServiceNow 형식 가져오기**

ServiceNow에서 파워 오토메이트와 연동하기 위해 Instance name, URL, Username과 Password가 필요하다. 계정을 생성해서 실습을 진행해보자. ServiceNow는 ServiceNow 플랫폼에서 애플리케이션을 개발하거나 ServiceNow로 기술을 향상시키려는 등록된 사용자에게 완전한 기능을 갖춘 무료 PDI(Personal Developer instances)를 제공한다. 이 책에서는 무료 체험 계정으로 진행한다.

01 ServiceNow Developer 홈페이지(https://developer.servicenow.com/dev.do)에서 계정 생성을 위해 Sign up and Start Building을 클릭한다.

02 Sign up for a ServiceNow ID 페이지가 나타난다. ①First Name과 ②Last Name을 작성하고 ③Email을 기재한다. ④Country에는 자기 거주지를 선택한다. ⑤password를 설정하고 ⑥Confirm Password 에서 확인한다. ⑦'로봇이 아님'를 검증받은 뒤 ⑧약관에 동의하는 체크를 하고 Sign Up 버튼을 클릭한다.

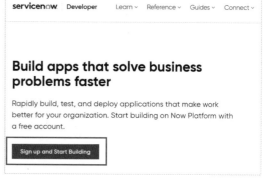

03 [Verify Email] 버튼을 눌러서, 2단계 ③번 작업에서 입력한 email 계정으로 메일 검증을 받는다.

04 앞 단계들을 통해 ServiceNow 계정 생성을 완료했다. ServiceNow Developer 메인 화면에서 Sign In 을 클릭하여 로그인을 진행하자. Sign In을 클릭하면 다음과 같은 화면이 나타난다. ① Email을 입력하고 ② Next 버튼을 클릭한다.

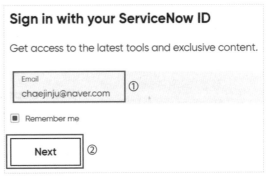

05 ① Password를 입력하고 ② Sign up 버튼을 클릭하면 로그인이 완료된다.

06 GETTING STARTED 화면에서 ServiceNow를 시작하기 위한 설정을 한다.
단계 1, Do you Code? 질문에 ①YES를 선택하고 ②[NEXT]를 눌러 진행한다.

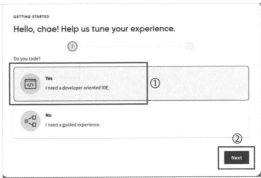

07 What best Describes your job responsibilities? 질문에 ①'Developer', 'IT Admin'을 선택하고 ②'I have read agree to the ServiceNow Developer site terms of use.' 문장에 체크한다. ③[Finish Setup]을 눌러 설정을 마무리한다.

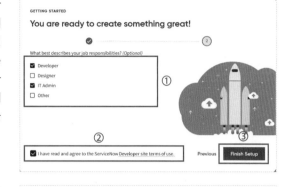

08 개인 인스턴스 구축을 진행하자. [Start Building]을 클릭하여 개인 인스턴스 구축을 시작하자.

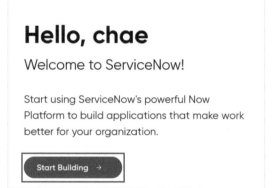

09 Your instance Ready! 창이 나타난다. 성공적으로 개인 인스턴스 구축이 완료되었다. Username, Instance URL, Current Password를 확인하고 [X] 닫기 버튼을 클릭한다.

10 파워 오토메이트와 연동에 필요한 Instance 정보를 확인하자. ①프로필을 클릭하면 My Instance 정보가 나타난다. ② 'USER ROLE'이 Admin으로 설정되어 있는지 확인하고 ③ INSTANCE ACTION 메뉴에서 'Manage instance password' 옵션을 선택한다.

User Role 변경하는 방법

만약 'USER ROLE'이 App Engine Studio Creator로 되어 있으면 다음과 같이 변경한다.

01 INSTANCE ACTION 메뉴에서 'Change User Role' 옵션을 선택한다.

02 ①'Admin' 옵션을 선택하고 ②'Change User Role'을 클릭하면 USER ROLE이 Admin으로 변경된다.

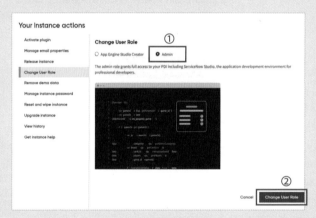

11 파워 오토메이트 연동에 필
요한 Instance name, URL,
Username과 Password 정보
를 기록한다.

12 ServiceNow와 파워 오토메이트를 연동하는 흐름을 만들어보자. [인스턴트 클라우드 흐름]을 생성한다. [새 단계] 버튼을 눌러서 다음 자동화 단계를 추가한다. ① "ServiceNow"로 검색한 후에 ②[ServiceNow]를 선택하고 ③ [레코드 가져오기] 동작을 선택한다.

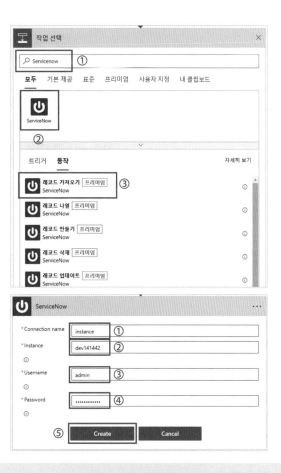

13 ①Connection name에는 instance를 기재한다. ② Instance name은 11단계에서 기록한 Instance name을 입력한다. ③ Username에는 USER ROLE을 입력하고 ④ Password 정보를 작성한 다음 ⑤ [Create] 버튼을 클릭하면 성공적으로 연동된 것을 확인할 수 있다.

조금 더 알아보기

ServiceNow 회사

서비스나우(ServiceNow)는 클라우드 기반의 IT 서비스 관리(IT Service Management)와 비즈니스 프로세스 자동화(Business Process Automation) 솔루션을 제공하는 기업이다.

ServiceNow는 IT서비스 관리를 위한 ITSM(IT Service Management), ITOM(IT Operations Management), ITBM(IT Business Management), ITAM(ITAM) 등의 모듈로 다양하게 구성된 플랫폼을 제공한다. 인사관리, 고객 서비스 관리, 법률 서비스 관리 등 많은 영역에서의 서비스 관리와 자동화 솔루션을 제공한다. 솔루션은 기업 내 다양한 부서와 역할에 따라 맞춤형으로 사용될 수 있으며, 고객 서비스와 기술 지원 위한 봇과 인공 지능 기술을 포함하고 있다.

ChatGPT API

실행 영상 보기
https://youtu.be/r4pexcqqVnE

ChatGPT는 OpenAI에서 개발한 대규모 인공지능 언어 모델 중 하나다. ChatGPT는 GPT 3.5를 기반으로 하는 대화형 인공지능 서비스이며, 간단한 회원가입 후 무료 혹은 유료로 이용할 수 있다. 이 모델은 175억 개의 파라미터를 가지고 있어 다양한 자연어 처리(Natural Language Processing) 작업을 수행할 수 있다. 예를 들어, 이 모델을 사용하여 챗봇, 자동 번역, 문장 생성, 질문 답변 시스템, 요약 등의 작업을 수행할 수 있다.

요즘 ChatGPT는 인공지능 분야에서 매우 핫 한 주제 중 하나다. 최근에는 대규모 데이터세트와 더불어 다양한 기술적 개선이 이루어져 더욱 강력한 모델이 개발되고 있다. 이러한 모델은 자연어 처리 분야에서 더욱 발전된 기술을 제공할 것이며, ChatGPT 같은 인공지능 모델은 현재 산업계와 학계에서 많은 관심과 투자를 받고 있어 향후 더욱 많은 응용 분야에서 사용될 것으로 기대된다.

마이크로소프트가 ChatGPT의 개발사인 오픈AI(OpenAI)에 100억 달러(약 12조 원)를 투자한 데 이어 추가로 투자를 협의 중인 것으로 알려졌다. 마이크로소프트는 ChatGPT를 오피스(Office) 제품과 검색엔진 빙(Bing)에 적용할 계획이라고 한다.

실습 예제에서는 사용자가 질문을 입력하면 ChatGPT에게 HTTP 요청을 보내고 답변을 받아 셰어포인트 목록에 질문과 답변을 저장하는 API 활용 자동화 흐름을 만들어 보자.

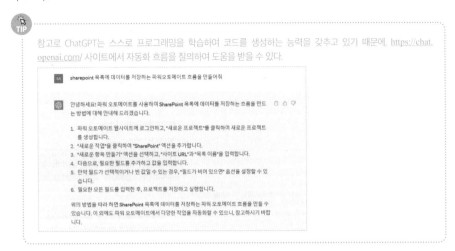

01 [인스턴트 클라우드 흐름]을 생성하고 텍스트 사용자 입력을 추가한다.

02 ChatGPT 서버로 REST API를 통해 HTTP 요청을 보내 답변을 받는 형태로 자동화 흐름을 만들 것이다. [HTTP] → [HTTP] 동작을 추가한다.

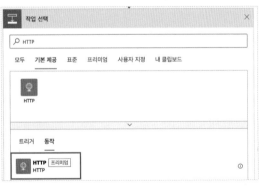

03 서버로 데이터를 전송하여 처리하도록 요청하기 위해서 메서드는 POST 방식으로 설정한다.

04 요청을 보내는 URL은 https://api. openai.com/v1/completions로 입력한다.

05 헤더에는 콘텐츠 타입과 API Key를 입력해야 한다. 먼저 OpenAI ChatGPT의 API Key를 발급받기 위해 https://platform.openai.com/overview 로 접속한다.

06 계정을 생성해야 API Key를 받을 수 있다. 오른쪽 상단의 Sign up을 눌러 회원가입을 진행한다. 구글이나 MS 계정으로 가입 가능하다.

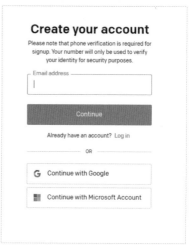

07 ①오른쪽 상단 계정 이름을 선택하고 ②'View API keys'를 선택한다.

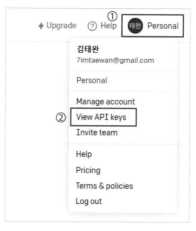

08 [Create new secret key]를 선택해서 API Key를 발급받는다. 발급받은 키는 잘 기록하고, 다른 사람에게 공유하거나 유출해서는 안 된다고 명시되어 있다.

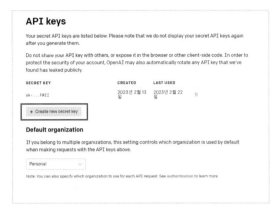

09 다시 파워 오토메이트 흐름으로 돌아와서, 헤더를 다음과 같이 설정한다.

헤더	Content-Type	application/json
설명	JSON으로 형식을 지정한다.	
헤더	Authorization	Bearer + <API Key>
설명	API Key를 지정한다.	

10 본문을 아래와 같이 설정한다.

함수	`{`
	`"model": "text-davinci-003",`
	`"prompt": ,`
	`"temperature": 0.5,`
	`"max_tokens": 1000`
	`}`

설명	Model은 사용할 ChatGPT 모델이다. prompt에는 질문을 작성하고, temperature는 ChatGPT의 답변 타입을 설정할 수 있다. 0 ~ 1 사이로 설정할 수 있으며 1에 가까울수록 무작위이며 더 창의적인 답변을 받을 수 있고, 0에 가까울수록 정형화된 답변을 한다. Max_tokens은 답변하기 위해 토큰을 얼마나 소비할지 설정할 수 있다. 적절하게 설정하는 것이 좋다.

11 prompt에 사용자가 입력한 질
문을 전달하기 위해서 트리거
에 추가한 [입력]을 추가한다.

TIP

OpenAI 공식 홈페이지의 Documentation에서 JSON 형식으로 HTTP 요청 보내는 방법과 API 활용 방
법을 참조할 수 있다.

https://platform.openai.com/docs/api-reference/introduction

12 ChatGPT에 보낸 질문과 받은
답변을 셰어포인트 목록에 저
장하기 위해서 목록을 만든다.
제목 칼럼에 질문을, Answer
칼럼에 ChatGPT의 답변을 저
장할 것이다.

13 흐름에 SharePoint의 [항목
만들기] 작업을 추가한다.

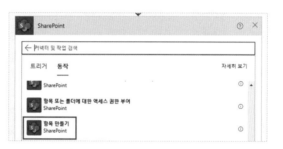

14 사이트 주소에 셰어포인트 사
이트 URL을 입력하거나 '사용
자 지정 값 입력'을 선택해서
직접 입력한다.

15 ChatGPT와의 질문과 답변을
저장할 목록 이름을 선택한다.

16 제목 칼럼에는 트리거에서 설정한 입력을 넣고, Answer 칼럼은 [동적 콘텐츠 추가]→ [식]에서 다음과 같이 입력한다.

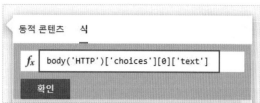

TIP

ChatGPT로 받은 답변은 다음과 같은 형태이다.

여기서 답변 부분만을 추출하기 위해서, HTTP body의 choices의 text속성을 가져오기 위해서 다음과 같은 형태의 식을 사용한다.

body('HTTP')['choices'][0]['text']

17 흐름을 저장하고 테스트해보자. 셰어포인트 목록에 질문과 답변이 잘 저장된다.

HTTP 응답 분석

데이터 작업의 JSON 구문 분석과 변수 초기화를 활용해서 API을 실행하여 받은 HTTP 응답을 간단하게 추출할 수 있다.

01 API를 통해서 요청 본문을 담은 HTTP 요청을 보낸다.

02 ①JSON 구문 분석 작업을 추가하고 HTTP 응답을 콘텐츠로 추가한다. ②스키마는 받을 요청의 형식을 지정한다. ③[샘플에서 지정]을 활용해서 간단하게 스키마를 작성할 수 있다.

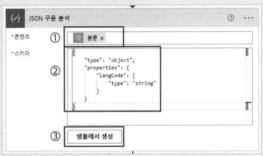

03 변수 초기화 작업을 생성하고 이름, 유형을 선택한 뒤 JSON 구문 분석의 콘텐츠를 선택한다.

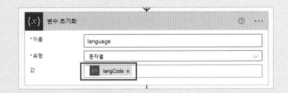

위 HTTP 요청에서 받은 본문의 langCode 속성을 추출해서 language라는 변수로 선언했다. 이 변수는 자동화 흐름에서 다양한 위치에 사용할 수 있다.

이동 경로 bing 이미지로 저장하기

실행 영상 보기
https://youtu.be/fRoiU2L30sI

Bing Maps는 마이크로소프트에서 제공하는 인터넷 지도 서비스다. 전 세계의 지도와 위성 사진, 3D 지도와 건물, 교통 정보, GPS 기반의 실시간 도로 상황과 길 찾기 등의 기능을 제공한다.

마이크로소프트는 Bing Maps API를 제공하여 다른 웹사이트나 애플리케이션에서 Bing Maps를 사용할 수 있도록 한다. 이를 통해 개발자들은 웹사이트나 애플리케이션에서 지도 기능을 구현할 수 있다.

자동화된 흐름을 실행할 때마다 현재 위치 이미지를 원드라이브에 저장해서 이동 경로를 알 수 있도록 자동화하는 흐름을 만들어보자. Bing 커넥터를 활용하기 위해서는 Bing maps Dev Center에 가입해야 한다. Bing Maps Dev Center는 Bing Maps로 개발하는 데 필요한 도구와 리소스를 제공하며, 온라인 데이터 소스 관리 시스템을 통해 매장 위치 또는 기타 공간 데이터를 저장하고 액세스하며 추적할 수 있다.

01 Bing 커넥터를 사용하려면 API Key를 발급받아야 한다. https://www.microsoft.com/en-us/maps/create-a-bing-maps-key/로 접속하여 페이지 중간에 있는 [GET A FREE BASIC KEY]를 클릭한다.

Bing maps Dev Center에 MS
계정으로 로그인한다.

03 상단 메뉴의 ①[My account]
→ ②'My Keys'로 이동한다.

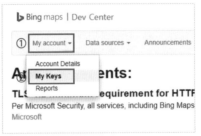

04 Create Key의 Application
name을 적절히 설정하고
[Create]를 클릭한다. 예제에
서는 'MSRPA'로 하였다.

05 다음과 같은 화면이 나타나면
API Key를 성공적으로 발급받
은 것이다. [Show key]를 클릭
하면 API Key가 화면에 조회
되니 복사한다.

06 파워 오토메이트에서 [인스턴 트 클라우드 흐름]을 생성하고 Bing 지도의 [정적 지도 가져 오기] 동작을 추가한다.

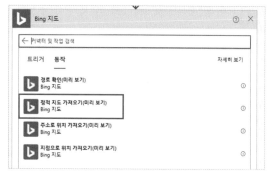

07 연결 이름과 복사한 API 키를 입력하고 만들기를 클릭한다.

08 흐름을 실행할 때 사용자 지점 의 위도와 경도로 위치를 가져 오기 위해서 지점 위도와 경도 에 [동적 콘텐츠] → [위도], [경 도]를 추가한다.

09 [고급 옵션 표시]를 클릭해서 추가 옵션을 지정한다. 이미지 집합은 여러 가지 유형으로 설 정할 수 있다. 하단의 그림을 참고해서 원하는 유형으로 지 정하자.

TIP

이미지 유형은 다음과 같다. 취향에 따라 선택하자.

그림 출처: https://learn.microsoft.com/en-us/bingmaps/getting-started/google-maps-to-bing-maps-migration-guide/key-features-in-bing-maps

<u>10</u> 이미지 형식은 gif, png, jpeg 중에서 지정할 수 있다. 원하는 형식으로 지정한다. 지도 크기도 원하는 크기만큼 지정한다. 예제에서는 jpeg, 1920*1080 크기로 지정했다.

<u>11</u> 푸시핀은 지도에서 사용자의 정확한 지점을 나타내는 핀이다. ①지도 위치를 위한 지점 위도, 경도와 ②푸시핀 위도와 경도를 동일하게 설정한다. 아이콘 스타일과 레이블은 자유롭게 설정한다.

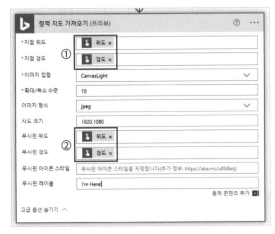

<u>12</u> OneDrive에 이미지를 저장할 폴더를 생성한다.

<u>13</u> 흐름에서 새 단계를 추가하고 [OneDrive for Business] → [파일 만들기] 동작을 추가한다.

<u>14</u> ①생성한 폴더의 경로를 지정하고 ②파일 이름은 흐름을 실행한 시간으로 하기위해 타임스탬프 + [이미지 확장자]로 지정한다. ③파일 콘텐츠는 [지도 이미지]로 지정한다.

15 흐름을 저장하고 테스트한 뒤 원드라이브에 내 위치의 지도 이미지가 저장되었는지 확인하자.

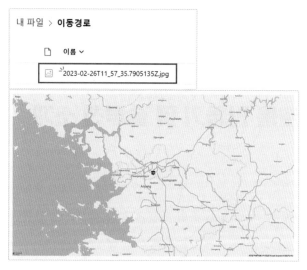

이번 예제는 파워 앱스(Power Apps)에서 자동화 흐름을 연결해서 Bing API를 활용한 사용자의 위치 표시, 이동 경로 추적 등 다양한 방법으로 활용 가능하다.

하위흐름 만들기 및 솔루션 소개

실행 영상 보기
https://youtu.be/ulZ9uzpdwyw

하위 흐름은 하나 이상의 작업을 수행하는 흐름 블록으로, 별도의 서브루틴으로 분리하여 사용한다. 흐름의 재사용성을 높이고 모듈화하여 관리하기 쉽게 만들며 가독성과 유지보수성을 높일 수 있다. 파워 오토메이트 클라우드에서 ALM을 구현하기 위한 메커니즘인 솔루션을 이용해 클라우드 흐름의 하위 흐름을 사용할 수 있다. ALM(Application Lifecycle Managment)은 개발 프로세스의 전체 수명주기를 관리하는 방법을 의미한다. 요구 사항 관리, 소프트웨어 아키텍처 개발, 테스트, 배포, 유지보수 및 릴리스 관리, 거버넌스 등의 분야가 포함된다. ALM 도구는 소프트웨어 개발팀과 테스트 및 운영과 같은 관련 부서 간의 커뮤니케이션 및 협업을 위한 통합 환경을 제공하고 소프트웨어 개발과 제공 프로세스를 자동화할 수 있다. 이를 통해 효율적인 ALM을 구현한다.

먼저, 솔루션을 만든 후에 하위 흐름을 생성하는 실습을 진행해보자.

01 파워 오토메이트 사이트에 접속하면 왼쪽 메뉴에 솔루션이 있다. [솔루션]을 클릭한다.

02 ①[새 솔루션]을 선택한다. ②
표시 이름, ③이름 ④게시자
및 버전을 작성하고 ⑤[만들
기] 버튼을 클릭한다.

03 솔루션 페이지에서 ①[+ 신
규]를 클릭하고 ②[자동화] 메
뉴에서 ③[클라우드 흐름] →
④ [인스턴스] 옵션을 선택한
다

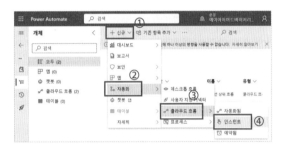

04 [수동으로 Flow 트리거] 흐름
을 신규로 생성한다. ①[+ 입
력 추가]를 선택하여 ②text
변수를 생성한다.

05 [새 단계] 버튼을 클릭하여 다
음 자동화 단계를 추가한다.
①"Outlook"로 검색한 후 ②
Outlook 커넥터를 선택하고
③ [메일 보내기(V2)] 동작을
선택한다.

06

①[받는 사람]을 지정하고 ②[제목]을 작성하고 ③[본문]도 동적 콘텐츠를 이용하여 입력한다.

07

[새 단계] 버튼을 클릭하여 다음 자동화 단계를 추가한다. ①"흐름"으로 검색한 후 ②PowerApps 커넥터를 선택하고 ③[PowerApps 또는 흐름에 응답] 동작을 선택한다.

> **TIP**
>
> 혹은 ①"흐름"으로 검색한 후에 ②[요청] 커넥터를 선택하고 ③[응답] 동작을 선택하여 진행할 수도 있다. 이 책에서는 PowerApp 또는 흐름에 응답으로 진행한다.

08 'PowerApp 또는 흐름에 응답'에서 출력 형식을 [텍스트]로 선택한다.

09 텍스트의 ①제목과 ②응답 값 입력하고 ③'저장'한 다음 [← 뒤로 가기] 버튼을 클릭하여 솔루션 페이지로 되돌아간다.

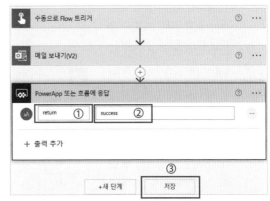

10 방금 생성한 솔루션 하위 흐름의 실행 연결을 변경하자. ①햄버거 메뉴에서 ②[세부 정보]를 클릭한다.

11 세부 정보 페이지를 스크롤해서 내리면 오른쪽 하단에 '사용자만 실행'이라는 메뉴 박스가 있다. [편집]을 클릭한다.

12 오른쪽 화면에 '실행 전용 권한 관리'라는 창이 나타난다. 각 연결에 대해 사용된 연결이 '실행 전용 사용자가 제공함'으로 설정되어 있는데 드롭다운 박스를 클릭하여 '이 연결 사용(<연결 이름>)'을 선택해서 ②[저장]한다.

13 하위 흐름을 성공적으로 생성했다. 이제 상위 흐름을 만들어보자. 하위 흐름 만드는 과정과 앞부분은 동일하다. 솔루션 페이지에서 ①[+ 신규]를 클릭하고 ②[자동화] 메뉴에서 ③[클라우드 흐름] → ④[인스턴스] 옵션을 선택한다.

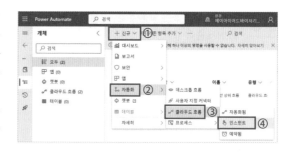

14 [인스턴트 클라우드 흐름]을 생성하고, 이름은 "솔루션 상위 흐름"으로 저장한다. [새 단계] 버튼을 클릭하여 다음 자동화 단계를 추가한다. ① "Outlook"로 검색한 후 ② Outlook 커넥터를 선택하고 ③[메일 보내기(V2)] 동작을 선택한다.

15 ①받는 사람을 지정하고 ②제목을 작성하고 ③본문도 동적 콘텐츠를 이용하여 입력한다.

16 [새 단계] 버튼을 클릭하여 다음 자동화 단계를 추가한다. ①"흐름"으로 검색한 후에 ②[흐름] 커넥터를 선택하고 ③[하위 흐름 실행] 동작을 선택한다.

17 방금 생성한 하위 흐름을 선택한다.

18 하위 흐름에서 [수동으로 flow 트리거]를 통해 생성한 텍스트 변숫값 입력 창이 나타난다. 내용을 입력한다.

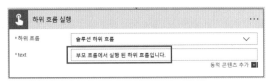

테스트 결과 성공적으로 상위 흐름(부모 흐름)에서 하위 흐름이 실행되어 메일이 발송된다.

💡 **TIP**

일반 흐름에서는 하위 흐름 실행 동작이 존재하지 않는다.

환경 변수

환경 변수는 특정 값을 저장하는 데 사용되며, 흐름에 사용하는 모든 변수보다 높은 우선순위를 갖는다. 환경 변수를 사용하면 코드에서 직접 값을 지정하는 것이 아니라 환경 변수에 값을 저장해 놓고 필요할 때마다 이를 호출한다. 하드코딩을 피해 코드의 유연성을 높이고 코드를 수정할 때도 환경 변수만 변경하면 되므로 코드 수정이 간편하다. 또한, 중요한 값을 코드 내에 직접 작성했을 때, 코드가 유출되면 중요한 값을 노출하는 문제가 발생할 수 있지만, 환경 변수를 사용하면 중요한 값을 환경 변수에 저장해서 이 값을 암호화하여 보안을 유지할 수 있다. 환경 변수는 이처럼 파워 오토메이트에서 코드의 유연성과 보안성을 높이기 위해 사용된다. 환경 변수를 생성하고 사용하는 흐름 실습을 진행해보자. 먼저 환경 변수를 생성하자.

01 앞서 생성한 솔루션 페이지에서 ①[신규]를 클릭하고 ②[자세히] 메뉴에서 ③[환경 변수] 옵션을 선택한다.

02 새 환경 변수 창이 화면 오른쪽에 나타난다. ①표시 이름을 작성하고 ②이름을 입력하고 ③설명을 기재한다. ④데이터 형식은 '텍스트'로 선택하고 ⑤기본값은 앞 절에서 생성한 셰어포인트 사이트를 복사 붙여넣기 해서 ⑥[저장]한다.

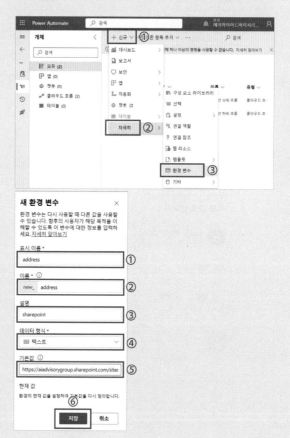

03 솔루션 페이지에서 ①[신규]
를 클릭하고 ②[자동화] 메뉴
에서 ③[클라우드 흐름] → ④
[인스턴스] 옵션을 선택한다.

04 [인스턴트 클라우드 흐름]
을 생성하고, 이름은 "환경 변
수 흐름"으로 설정한다. [새
단계] 버튼을 클릭하여 다음
자동화 단계를 추가한다. ①
"SharePoint"로 검색한 후 ②
SharePoint 커넥터를 선택하
고 ③[파일 가져오기 (속성만)]
동작을 선택한다.

05 사이트 주소는 ① 동적 콘텐츠
추가를 클릭하여 ② 앞 단계에
서 생성한 환경 변수를 선택
한다.

06 라이브러리 이름은 자동으로 셰어포인트 사
이트 라이브러리 값을 불러온다. 가져올 라이
브러리 이름을 선택하고 저장한다.

테스트 결과 성공적으로 파일을 가
져온다.

솔루션 가져오기 및 내보내기

솔루션 내보내기는 현재 작업 중인 흐름을 다른 컴퓨터나 파워 오토메이트 서버로 전송하여 공유할 수 있
다. 이를 통해 팀 내에서 흐름을 공유하거나, 개인적으로 사용하고자 하는 환경으로 이전할 수 있다. 솔루션
가져오기는 다른 사용자가 내보낸 솔루션을 가져와 현재 작업 중인 파워 오토메이트 서버에 적용하는 것을
뜻한다. 이를 통해 다른 환경에서 개발한 흐름을 현재 작업 중인 서버에 적용할 수 있고, 사용자가 만든 흐
름을 공유 받을 수 있다.

이처럼 솔루션 내보내기와 가져오기는 다른 사용자의 협업, 다른 환경으로 이전 및 백업 등의 목적으로 사
용할 수 있으며 파워 오토메이트의 효율적인 관리와 운영에 필수적인 기능이다.

먼저 솔루션 내보내기부터 실습을 진행해보자.

솔루션 내보내기에 앞서 솔루션에서 환경 변숫값을 제거하는 것이 좋다. 환경 변수는 특정 값을 저장하는
데 사용하며, 흐름에서 사용하는 모든 변수보다 높은 우선순위를 갖는다. 따라서, 만약 환경 변수를 포함한
솔루션을 다른 환경으로 이전하면, 해당 환경 변숫값이 변경될 수 있으므로 이에 따라 흐름에 오류가 발생
할 수 있기 때문이다.

내보내기

01 내보내고 싶은 솔루션 페이지에 접속하여 ①[환경 변수] 메뉴를 클릭한다 ②환경 변수를 모두 선택
한 다음 ③[제거] 옵션을 클릭하면 이 환경에서 삭제할 것인지 이 솔루션에서 제거를 고를 수 있는
창이 뜬다. ④ [이 솔루션에서 제거]를 선택한다.

02 솔루션 페이지로 돌아와서 ①
내보내고 싶은 솔루션을 선택
하고 ②[솔루션 내보내기]를
클릭한다.

03 솔루션 페이지 오른쪽에 '내보내기 전에' 창이 나타난다. 모든
변경 내용 게시는 비 관리형 솔루션을 내보낼 때 게시된 구성
요소만 내보낸다. ①모든 구성 요소가 내보낸 솔루션에 있는지
[게시]를 선택하여 확인한다. 문제 확인은 솔루션에 대해 솔루
션 검사기를 실행하여 성능 및 안정성 문제를 감지한다. ②[실
행]을 클릭하여 문제를 확인하고 ③[다음]을 선택한다.

04 솔루션 페이지 오른쪽에 이 솔루션 내보내기 페이지가 나타
난다.
버전 번호는 솔루션 버전을 자동으로 증가시킨다. 기본 버전을
수락하거나 직접 입력할 수 있다. ①버전 번호를 확인한다. 다
음으로 내보내기에서 '관리형' 또는 '관리되지 않음' 패키지 유
형이 있다. '관리형'은 솔루션이 테스트 또는 프로덕션 환경으
로 이동 중인 것을 의미한다. '관리되지 않음'은 솔루션이 다른
개발 환경 또는 소스 제어 시스템으로 이동하는 것을 의미한
다. ②다른 개발 환경으로 보낼 예정이므로 [관리되지 않음]을
선택하고 ③[내보내기] 버튼을 클릭한다.

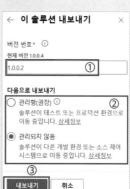

05 솔루션 페이지 내보내기를 완료하는 데 몇 분 정도 걸릴 수 있다. 내보내기가 완료되면 웹 브라우저에 '다운로드' 알림창이 뜬다. 내려 받는다.

솔루션 내보내기를 완료했다. 이제 폴더에서 내보낸 솔루션 zip 파일을 사용할 수 있다.

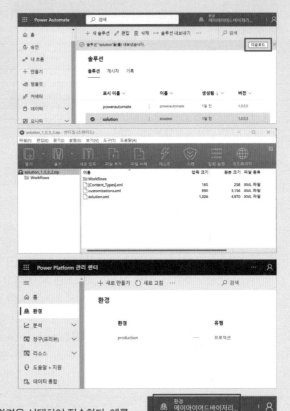

가져오기

새 환경에 솔루션을 가져와 보자. 참고로 Power Platform 관리센터 (https://admin. powerplatform.microsoft.com/ environments)에서 환경을 새로 만들 수 있다.

01 ①[환경]을 클릭하고 ②다른 환경을 선택하여 접속한다. 예를 들어, 운영 환경인 'Production' 환경을 선택한다.

02 새 환경에서 [솔루션 가져오기]를 클릭한다.

03 ①[찾아보기]를 클릭하여 솔루션 내보내기한 파일을
불러온 다음 ②[다음] 버튼을 클릭한다.

04 ①새 환경에 맞게 연결을 설정하고 ②[가져오기] 버
튼을 클릭한다.

05 솔루션 리스트에 가져오기 한 솔루션이 성공적으로 조회된다.

솔루션에서 흐름을 가져왔지만, 연결이 달라져서 흐름이 자동으로 꺼진 경우가 있다. 편집으로 접
속하여 새 연결을 추가하고 다시 설정을 통해 흐름이 작동하도록 켜면 흐름이 정상적으로 실행
된다.

POWER
AUTOMATE
CLOUD

이번 실전 활용 응용편에서는 SMS 또는 카카오톡 알림톡으로 업무 진행 상황을 통보하는 방법을 소개한다. 특히, 카카오톡 알림톡과의 기능 연계는 파워 오토메이트 또는 파워 앱스 교육 시 수강생들이 공통으로 궁금해하는 사항이다. Twilio 서비스에 회원가입을 하면 평가판으로 일정량의 문자를 무료로 보낼 수 있고 업무 자동화 과정에서 문자 서비스를 연계함으로써 중요한 알림 사항을 실시간으로 커뮤니케이션할 수 있도록 한다.

6 장

실전 활용 - 응용편

Twilio 커넥터로
문자 메시지 보내기

실행 영상 보기
https://youtu.be/2rgFQRfHwpI

Twilio(트윌리오)는 클라우드 기반 통신 플랫폼으로 개발자들이 음성, 비디오, 메시지, 이메일 및 기타 통신 기능을 더 쉽게 구축하고 테스트 및 배포할 수 있도록 지원한다. 또한, API를 제공하여 개발자들이 애플리케이션에서 다양한 통신 기능을 추가할 수 있도록 한다.

예를 들어, 개발자들은 Twilio의 음성 API를 사용하여 전화 기능을 추가하거나, 메시지 API를 사용하여 SMS 기능을 추가할 수 있다. 또한 Twilio는 기업용 통신 서비스와 통합이 가능하다. 이를 통해 기업은 고객과의 연락을 효율적으로 관리하고, 통화 기록과 분석을 수행하여 업무 프로세스를 최적화할 수 있다. 파워 오토메이트에서 Twilio 커넥터를 사용해서 모바일로 SMS, MMS 문자 메시지를 전송할 수 있다.

파워 오토메이트에서 Twilio를 활용하는 방법은 두 가지가 있다.

- **파워 오토메이트 Twilio 커넥터 활용**
- **HTTP 커넥터를 활용한 Twilio API**

01 Twilio 커넥터를 활용해서 문자 메시지를 전송하자. 먼저, Twilio 홈페이지(www.twilio.com)로 접속해서 계정을 생성하자. 오른쪽 상단의 Sign up을 클릭한다.

02 ①이름과 성, 이메일, 패스워드를 입력한다. 패스워드는 16자리 이상의 문자를 입력해야 한다. 모두 입력 후 ②이용 약관에 동의하는 내용의 체크박스에 체크하고 ③[Start your free trial]을 클릭한다. 평가판으로 가입하면 일정량의 문자를 무료로 전송할 수 있다.

03 입력한 이메일로 인증 메일이 전송된다. 메일에서 [Verify Your Email]을 클릭해서 인증하자.

04 절차에 따라 계정을 생성했으면, 입력한 이메일과 패스워드로 로그인한다.

05 로그인할 때 이중 보안을 위한 휴대 전화번호 인증을 요구한다. 입력하거나 'Set up later'를 선택해서 넘어간다.

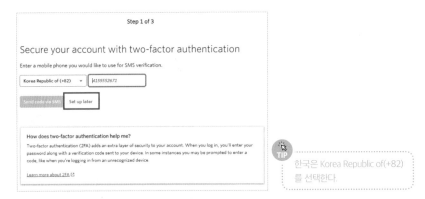

06 다음 화면에서 Twilio 전화번호를 생성할 수 있다.

07 Account Info 칸에 앞으로 사용할 SID와 Token이 있고, 그 아래 생성한 Twilio 전화번호가 있다.

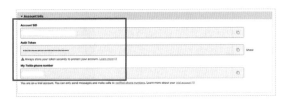

08 파워 오토메이트에서 [인스턴스 클라우드 흐름]을 생성하고, Twilio작업의 [SMS(문자 메시지 보내기)] 동작을 추가한다.

09 Twilio를 사용하려면 먼저 인증을 통해 파워 오토메이트와 연결해야 한다. ①연결 이름을 입력하고 7단계에서 확인한 ②SID와 Token을 각 칸에 입력하고 [만들기]를 클릭한다.

10 Twilio 연결 후에 보내는 전화 번호 칸을 클릭하면 내가 생성한 Twilio 전화번호가 보인다. 전화번호를 선택해서 [보내는 전화번호]에 입력한다.

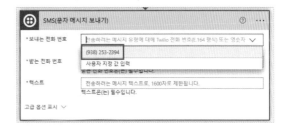

11 받는 전화번호에 보낼 사람의 전화번호를 입력한다. 변수를 사용해 받는 사람과 문자 메시지를 동적으로 설정할 수 있다.

 TIP
받는 전화번호를 설정할 때 국가 번호를 입력해야 한다.
한국의 휴대 전화번호를 입력하고자 한다면, +82를 입력하고 휴대 전화번호의 맨 앞자리 0을 빼고 입력하면 된다.
예) +821056781234

12 흐름을 테스트해 보자. 흐름이 정상으로 실행되었으면 그림과 같이 테스트가 성공하고 문자 메시지가 발신된다.

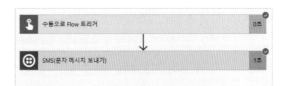

13 문자 메시지가 잘 수신되는지 확인해 보자.

Twilio API로 문자 메시지 보내기

실행 영상 보기
https://youtu.be/OOGQCZ3HKAU

이번에는 Twilio에서 제공하는 API 서비스를 활용해서 문자 메시지를 보내보자. Twilio API 는 SMS 메시지 보내기와 받기, 보낸 메시지

추적, 예약 메시지 보내기 등의 기능을 사용할 수 있다. 파워 오토메이트의 HTTP 작업으로 간편하게 REST(Representational State Transfer) API 요청을 보낼 수 있다.

앞서 설명했듯이, REST API란 웹 서버와 클라이언트 간의 통신을 위한 아키텍처 스타일이다. 이를 통해 서로 다른 애플리케이션 간에 데이터를 교환하고, 상호작용할 수 있다. REST API는 일반적으로 HTTP 프로토콜을 사용하여 구현된다. 클라이언트 는 HTTP 요청을 보내고, 서버는 HTTP 응답을 반환함으로써 데이터를 주고받는다.

01 [인스턴스 클라우드 흐름]을 추가한다. HTTP 작업을 활용해서 Twilio로 POST 요청을 보내자. 단계를 추가하고 HTTP 작업을 선택한다.

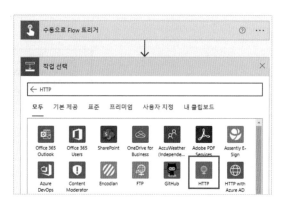

02 ①메서드는 POST를 선택하고, ②URI에는 Twilio API를 호출하는 주소인, https://api.twilio.com/2010-04-01/Accounts/[SID]/Messages.json를 넣는다. API 호출 URI는 언제든지 변경될 수 있으니, 공식 홈페이지 도큐멘테이션(Documentation)을 참조하자. URL의 [SID] 부분에 본인의 SID를 적는다.

03 본문 형식은 다음과 같이 입력한다.

함수	``` { "$content-type": "multipart/form-data", "$multipart": [{ "headers": { "Content-Disposition": "form-data; name=₩"To₩"" }, "body": "[받는 사람 전화번호]" }, { "headers": { "Content-Disposition": "form-data; name=₩"From₩"" }, "body": "[내 Twilio 전화번호]" }, { "headers": { "Content-Disposition": "form-data; name=₩"Body₩"" }, "body": "[문자 메시지 내용]" }] } ```
설명	JSON 형태로 Twilio에 문자 메시지 보내기 요청을 보낸다. [받는 사람 전화번호]에 국가 번호+전화번호 형태로 입력하고 [내 Twilio 전화번호]에도 같은 형태로 입력한다. 예) "body": "+821012345678" [문자 메시지 내용]에는 보낼 메시지를 입력한다.

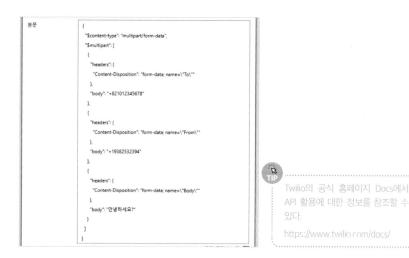

```
본문        {
            "$content-type": "multipart/form-data",
            "$multipart": [
                {
                    "headers": {
                        "Content-Disposition": "form-data; name=\"To\""
                    },
                    "body": "+821012345678"
                },
                {
                    "headers": {
                        "Content-Disposition": "form-data; name=\"From\""
                    },
                    "body": "+19382532394"
                },
                {
                    "headers": {
                        "Content-Disposition": "form-data; name=\"Body\""
                    },
                    "body": "안녕하세요?"
                }
            ]
        }
```

> **TIP**
> Twilio의 공식 홈페이지 Docs에서 API 활용에 대한 정보를 참조할 수 있다.
> https://www.twilio.rom/docs/

04 하단의 '고급 옵션 표시'를 눌러서 인증 탭을 열고 인증은 '기본'으로 설정한다. 사용자 이름과 암호는 Twilio 사이트의 SID와 Token을 복사하여 입력한다.

05 흐름을 저장하고 HTTP 요청이 성공적으로 보내지는지 테스트해보자. 성공했다면 상태 코드를 확인할 수 있고 문자 메시지가 전송된다.

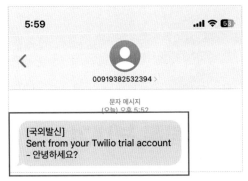

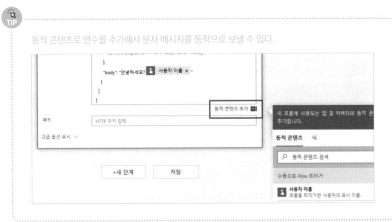

동적 콘텐츠로 변수를 추가해서 문자 메시지를 동적으로 보낼 수 있다.

38

카카오톡 알림톡 보내기

실행 영상 보기
https://youtu.be/WIQm3maYvMc

카카오톡 알림톡은 기업(단체)에서 회원이나 고객에게 공지나 이벤트 안내의 목적으로 카카오톡을 발송하는 서비스이다. 비교적 저렴한 비용으로 효과적인 마케팅을 수행할 수 있다. 챗봇 기능과 같은 다양한 기능과 개인화된 서비스를 제공하여 많은 대중이 카카오톡을 사용하고 있다. 기업(단체)은 고객과 더 효율적으로 소통하고, 높은 마케팅 효과를 얻을 수 있는 솔루션으로 카카오톡 알림톡 서비스가 폭넓게 활용되고 있다.

카카오톡 알림톡 서비스와 파워 오토메이트를 연계하여 고객들에게 자동으로 알림톡을 전송할 수 있다. 알림톡을 보내기 위해서 알리고 계정과 카카오톡 비즈니스 채널이 필요하다.

 TIP 비즈니스 알림톡 API를 제공하는 업체는 다이렉트센드, 비즈뿌리오 등 다양하다. 소속 기업에서 선호하는 업체를 선정하여 사용할 수도 있다.

01   먼저 카카오톡 비즈니스 채널 계정을 생성해 보자. 카카오 비즈니스 웹사이트(https://business. kakao.com/)에 접속한다. ①메인 화면에서 [로그인] 버튼을 클릭하여, ②'회원가입'을 한다.

02   채널 메뉴에 [새 채널 만들기]를 클릭해서 채널을 생성한다.

03   ①프로필 사진 첨부하고 ②채널 이름과 ③검색용 아이디, ④ 소개글, ⑤ 카테고리를 작성하고 ⑥[확인] 버튼을 클릭한다.

TIP

채널 생성 시 유의할 점은 TEST 계정으로 아이디와 이름을 설정하게 되면 비즈니스 인증 불가로 심사가 반려된다. 그리고, 기업을 상징할 수 있는 프로필 이미지도 필수로 등록해야 한다.

04 앞선 안내 팝업창에서 '확인' 버튼을 클릭하면 다음과 같은 창이 뜬다. [네, 입력한 정보로 개설하겠습니다.]를 선택한다.

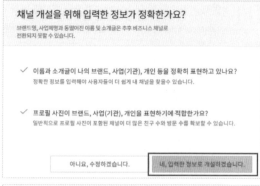

05 '채널 개설 완료되었습니다.' 창이 나타난다. [대시보드로 이동하기]를 선택한다.

06 채널이 비공개로 개설된다는 알림 창이 등장한다. 대시보드 화면에서 오른쪽 하단에 프로필을 설정할 수 있는 부분이 있다. 채널 공개와 검색 허용을 OFF에서 ON으로 변경한다.

07 대시보드 화면 왼쪽 하단에 비즈니스 채널 '신청하기' 배너가 있다. [신청하기] 버튼을 클릭한다.

08 '비즈니스 채널 신청' 화면으로 이동하면, [신청] 버튼을 선택한다.

09 비즈니스 채널 생성 시 회사 사업자 등록증, 재직 증명서가 필요하다. ①사업자 등록번호를 입력한다. ②사업자 대표가 본인일 경우 휴대폰으로 본인 확인을 한다. 본인이 아니거나 휴대폰 본인 확인 불가 시 재직 증명서를 제출한다. ③해당 시 업종별 인허가 서류 제출하고 ▨▨ 버튼을 클릭한다.

10 ①사업자 정보와 채널 정보를 확인하고 ②'확인해 주세요' 부분의 체크박스에 체크를 한 다음 ▨▨ 버튼을 클릭한다. 승인이 완료되면 [채널] → [내 채널] 메뉴에서 채널 이름 옆에 ▨▨ 등록한 공식 로고가 표시된다.

> **TIP** 비즈니스 채널 신청 심사 완료 승인까지 3~5일 정도 소요된다.
>
> 비즈니스 채널 신청이 완료되었습니다.
> 첨부 서류와 프로필에 대한 검토가 진행됩니다.
> 심사는 영업일 기준 3-5일 정도 소요되며
> 심사결과는 카카오톡 관리자센터 알림으로 안내드립니다.
>
> 확인

다음 실습은 알리고 웹사이트에서 카카오 비즈니스 채널과 파워 오토메이트를 연동하여 알림톡을 보내기 위해 설정하는 방법을 알아보자. 알리고 웹사이트(https://smartsms.aligo.in/main.html)에 접속하자.

11 알리고 회원가입을 하자. 웹사이트 오른쪽 상단에 [회원가입] 배너를 클릭한다.
회원 가입은 다음과 같은 순서로 진행한다.

12 기본 정보를 입력한 후 [다음] 버튼을 클릭하여 다음 단계로 넘어간다.

13 세금 계산서 정보를 설정한 후 [다음] 버튼을 클릭하여 다음 단계로 넘어가면 성공적으로 알리고 회원가입이 완료된다.

TIP 세금계산서 발행을 선택할 때 회사 사업자등록증, 재직증명서가 필요하다.

14 알리고 서비스를 사용하기 위해서는 비용을 지불해야 한다. 메뉴에서 충전하기 를 클릭한다. 발급받은 나의 전용 계좌로 충전한다.

TIP 충전 금액은 최소 (5만 원 + 부가세(10%) 5만 5천 원을 입금해야 한다.

15 카카오톡 메뉴에서 알림톡 전송에 필요한 정보를 설정한다. 카카오톡 채널 관리에서 [카카오채널 추가하기] 버튼을 누른다.

16 다음과 같은 알림창이 뜬다. ①카카오채널 검색용 아이디를 입력하고 ②핸드폰 번호를 작성한 다음 ③[인증번호 전송]을 클릭하여 인증하고 ④[카카오채널 추가하기]를 클릭한다.

17 템플릿 관리에서 템플릿은 ▣ 템플릿 등록하기 버튼을 눌러 추가한다.

①카카오채널 ID는 방금 추가한 채널 ID가 자동으로 설정된다. ②템플릿 이름을 입력한다. ③강조유형은 기본형으로 설정한다. ④본문을 입력하고 ⑤부가정보, 채널추가, 버튼, 보안 템플릿 옵션을 설정할 수 있으나 실습이므로 현재 템플릿에서는 생략하고 ⑥[템플릿 등록 신청]을 누른다.

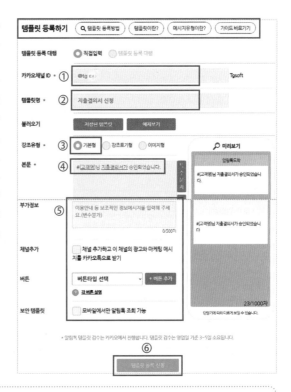

TIP
알리고에서 템플릿 예제와 가이드를 제공한다. 참고하여 템플릿을 생성하자. 템플릿 승인 완료까지 3-5일 정도 소요된다.

18 템플릿 등록 신청을 한 다음 화면에서 대체 문자 등록하기 화면이 나타난다. ①'알림톡 전송 실패 시 문자로 발송합니다.'를 체크 해제하고 ②[대체 문자 발송안함]을 누르면 성공적으로 템플릿 등록 신청이 완료된다.

19 다음과 같이 템플릿이 성공적으로 승인되었다면, 템플릿 코드와 템플릿 본문을 메모장에 복사하여 기록한다.

20 신청 인증에서 API 연동을 위한 정보를 설정한다. ①신청/인증에서 [API key 발급신청]을 클릭하여 발급받는다.

기존 API Key

등록일	Identifier	발급키	관리
2023.02.07 09:19	chaejinju	qvy2o1... ...r(a1rfj	삭제

API Key 발급신청

21 'Senderkey'를 확인해서 메모장에 복사하여 기록한다.

Senderkey

등록일	카카오채널ID	Senderkey
2023.02.07 08:39	@tgsoft (정상)	621a 72324f1

22 발송 서버 IP를 추가한다. 알리고 홈페이지에서 알려주는 '현재 접속한 IP'와 '파워 오토메이트 IP'를 추가한다.

발송 서버 IP

등록일	IP	관리
2023.02.07 09:20	111. . .178	삭제
2023.02.08 12:34	13. . .55	삭제
2023.02.09 22:21	61. . .04	삭제
2023.02.19 23:53	121. . .68	삭제
2023.02.21 14:00	20. . .5	삭제

* 현재 접속한 IP 112. . .78 실제 발송할 서버 IP를 확인 하신 후 입력하시기 바랍니다

IP번호 . IP번호 . IP번호 . IP번호   IP추가하기

* IP 대역을 추가하시려면 공란으로 비워두면 됩니다.
192.168.0. (공란)

조금 더 알아보기

Power automate cloud IP 확인하는 방법

01 파워 오토메이트 웹사이트에 접속해서, [인스턴스 클라우드 흐름]을 생성한다. [새 단계] 버튼을 클릭하여 다음 자동화 단계를 추가한다. ①"HTTP"로 검색하여 ②[HTTP] 커넥터를 클릭하고 ③[HTTP] 동작을 선택한다.

작업 선택

🔍 http ①

모두   **기본 제공**   표준   프리미엄   사용자 지정   내 클립보드

HTTP ②

트리거   **동작**

HTTP [프리미엄]   ③
HTTP

HTTP + Swagger [프리미엄]
HTTP

Http Webhook [프리미엄]
HTTP

02 ①'메서드'는 GET을 선택한
다. ②'URI'는 https://api.
ipify.org/?format=json
을 입력한다. ③'헤더'에
Content-type Application/
x-www-form-urlencoded
로 작성한다.

03 흐름을 저장하고 [테스트] 버
튼을 클릭하여 흐름을 실행
한다. 결과 화면 '본문'에 파워
오토메이트 IP주소를 출력한
다. 결괏값 IP를 복사하여 발
송 서버 IP에 추가한다.

23 알림톡을 발신하는 대표전화를 발신번호에 추가한다.

발신번호

등록일	발신번호	관리
2023.02.03 10:10	01 ▮▮▮▮▮615	

발신번호 추가하기

24 API 호출 토큰을 생성한다. 생성된 토큰 문자열은 호출한 API 스트링의 소유자 및 유효시간 정보를 포함하고 있다.

24-1 파워 오토메이트 웹사이트에 접속해서 [인스턴스 클라우드 흐름]을 생성한다. 흐름 이름을 입력하고, 흐름 트리거 선택 영역에서 [수동으로 flow 트리거]를 선택한 후 [만들기] 버튼을 누른다. [새 단계] 버튼을 클릭하여 다음 자동화 단계를 추가한다. ① "http"로 검색하여 ②[HTTP] 커넥터를 클릭하고 ③[HTTP] 동작을 선택한다.

24-2 ①'메서드'는 POST를 선택하고 ②'URI'는 https://kakaoapi.in/avk10/token/create/2024/y/를 입력한다. Create 뒤에 숫자는 토큰 유효시간이다. 예) /30/s = 30초, ③'헤더'에 Content-Type application/x-www-form-urlencoded를 입력하고 ④'쿼리'는 apikey와 userid를 입력한다. 혹은 '본문'에 apikey=apikey&userid=userid 입력해도 상관없다.

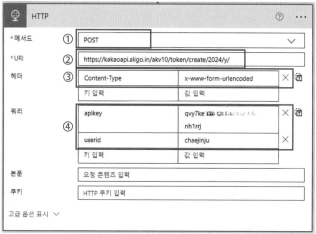

API 토큰 발급 가이드

알리고의 카카오톡 API 스펙 가이드
(https://smartsms.aligo.in/shop/kakaoapispec.
html)에 설명된 내용에 의하면, 카카오톡
알림톡을 전송하기 위한 API 토큰을 생성
하는 API는 https 프로토콜을 사용하여
POST로 요청해야 한다.

API 토큰 유효시간을 1년으로 설정하려면 다음과 같이 변경하여 적용할 수 있다.

- **https://kakaoapi.aligo.in/akv10/toekn/create/1/y/**

주의할 점은 서버를 여러 대 운영할 때 토큰은 서버 정보를 포함하므로 각 서버에서 생성된 토큰 문자열을
사용해야 하며 토큰 문자열을 공유해서 사용할 수 없다.

24-3 흐름을 저장하고 테스트한다.
결과 화면 본문에 token 값이
출력된다. token 값을 기록해
둔다.

카카오 알림톡을 자동으로 보내기 위한 모든 준비를 마쳤다.

25 이제 파워 오토메이트(https://make.powerautomate.com/)에서 카카오톡 알림톡을 보내는 실습을 진행하자. 자동화 흐름을 만들기 위해서 [인스턴스 클라우드 흐름]을 생성한다. 흐름 이름을 입력하고, 흐름 트리거 선택 영역에서 [수동으로 flow 트리거]를 선택한 후 [만들기] 버튼을 누른다. [수동으로 Flow 트리거]에서 사용자 입력 종류 중 [텍스트]를 선택한다. ①[+ 입력 추가]를 눌러 ②'name' 변수와 ③'phone' 변수를 생성한다. 해당 텍스트는 카카오톡 알림톡으로 전송할 수신자 이름과 수신자 전화번호이다.

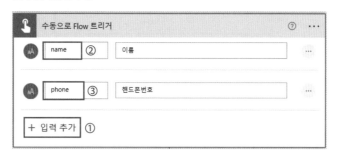

26 [수동으로 Flow 트리거] 조건 설정이 완료되었으면, [새 단계] 버튼을 클릭하여 다음 자동화 단계를 추가한다. ①"HTTP"로 검색하여 ②[HTTP] 커넥터를 클릭하고 ③[HTTP] 동작을 선택한다.

27 ①'메서드'는 POST를 선택한다. ②'URI'는 알리고 알림톡 전송 URI를 붙여넣기 한다.
③'헤더'는 content-type application/x-www-form-urlencoded를 입력한다.
④, ⑤앞서 25단계에서 생성한 phone, name과 같은 동적 콘텐츠의 변수를 선택하여 내용에 적절하게 삽입한다. ⑥'본문'에는 알림톡 전송을 위해 필요한 변수 내용을 직접 기재하고 흐름을 저장하자.

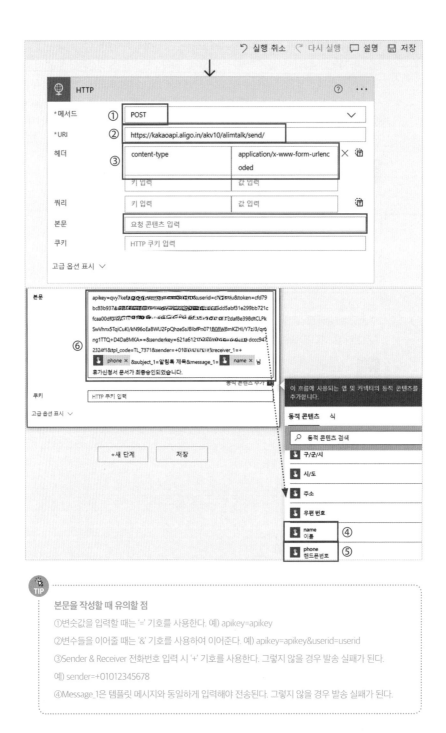

알림톡 전송 API 가이드

카카오톡 알림톡을 전송하기 위한 알리
고 API 스펙 가이드 (https://smartsms.
aligo.in/shop/kakaoapispec.html)를 알아
보자. 스펙에 설명되어 있는 대로, 템플
릿 서식을 일치시켜야 전송이 가능하며
알림톡 전송 API는 https 프로토콜을
사용하여 POST로 요청해야 한다.

본문의 필수 API 값은 apikey, userid, token, senderkey, tpl_code, sender, senddate, receiver_1,
subject_1, message_1이다.
그리고, 다음 사항에 주의하자.

- 1. 템플릿에 추가하지 않은 버튼의 정보는 생략해도 상관없다.
- 2. 알림톡 내용(message)은 템플릿과 동일하게 문자를 입력해야 한다.
- 3. 응답 body는 JSON 객체(code, message, info)로 구성된다.

변수	설명	필수	타입
apikey	인증용 API Key	O	String
userid	사용자id	O	String
token	생성한 토큰	O	String
senderkey	발신프로파일 키	O	String
tpl_code	템플릿 코드	O	String
sender	발신자 연락처	O	String
senddate	예약일	X	datetime
receiver_1 (1 ~ 500)	수신자 연락처	O	String
recvname_1 (1 ~ 500)	수신자 이름	X	String
subject_1 (1 ~ 500)	알림톡 제목	O	String
message_1 (1 ~ 500)	알림톡 내용	O	String
emtitle_1 (1 ~ 500)	강조표기형의 타이틀	X	String
button_1 (1 ~ 500)	버튼 정보	X	JSON
failover	실패시 대체문자 전송기능	X	Y or N
fsubject_1 (1 ~ 500)	실패시 대체문자 제목	X	String
fmessage_1 (1 ~ 500)	실패시 대체문자 내용	X	String
testMode	테스트 모드 적용여부 (Y or N)	X (기본 N)	String

28 자동화 흐름이 정상적으로 동작하는지 확인하는 테스트하고, 알리고 홈페이지 전송결과 보기 페이지를 확인한다.

전송상태의 [상세보기]를 누르면 성공내역을 확인할 수 있다.

https://smartsms.aligo.in/shop/result_list.html

알리고 API 서비스로 문자 보내기

실행 영상 보기
https://youtu.be/UobDk0U4StQ

카카오톡 알림톡 보내기처럼 파워 오토메이트를 이용하여 고객들에게 자동으로 문자를 전송할 수 있다. 알림톡 보내기에서 알리고 웹사이트 회원가입 생성과 결제까지 완료하였으므로 회원가입 과정과 결제 과정을 생략하고 진행한다. 앞선 과정이 궁금하다면 카카오톡 알림톡 보내기 절을 참고하자. 먼저 알리고 웹사이트를 실행하여 파워 오토메이트를 연동하여 문자를 보내기 위한 문자 API 설정을 실습해 보자.

01 알리고 웹사이트(https://smartsms.aligo.in/main.html)에 접속하자. API 연동을 위한 정보를 설정해야 한다. 메뉴: [문자 API] → [문자API 소개] 탭에서 [문자API 신청하기] 버튼을 누른다.

02 신청/인증에서 API key 발급 신청을 클릭하여 발급한다. 기존 API key(카카오톡 API 생성 시 발급받아 사용했던 기존 발급키)를 재사용할 수 있으므로 생략해도 된다.

03 발송 서버 IP를 추가한다. 알리고 홈페이지에서 알려주는 '현재 접속한 IP'와 '파워 오토메이트 IP'를 추가한다. 파워 오토메이트 IP를 추가하는 방법은 38절 카카오톡 알림톡 보내기에 설명되어 있다.

발송 서버 IP

등록일	IP	관리
2023.02.07 09:20	11□.□ □.□□178	삭제
2023.02.08 12:34	13. 0□.□□ 55	삭제
2023.02.09 22:21	61□.□□□□04	삭제
2023.02.19 23:53	121. 0□0□0□ 68	삭제
2023.02.21 14:00	20.□□□.□ 6	삭제

* 현재 접속한 IP 112□□□□□178 실제 발송할 서버 IP를 확인 하신 후 입력하시기 바랍니다.

| IP번호 | . | IP번호 | . | IP번호 | . | IP번호 | IP추가하기 |

* IP 대역을 추가하시려면 공란으로 비워두면 됩니다.
192.168.0. (공란)

04 발신번호를 추가한다. 기존 발신번호가 있는 경우 생략해도 된다. 문자 전송을 자동으로 보내기 위한 모든 준비를 마쳤다. 이제 파워 오토메이트에서 문자 전송을 자동으로 보내는 실습을 진행하자.

발신번호

등록일	발신번호	관리
2023.02.03 10:10	01□□□□□615	

| 발신번호 추가하기 |

05 자동화 흐름을 만들기 위해서 파워 오토메이트 웹사이트에 접속하자. [인스턴스 클라우드 흐름]을 생성한다. 흐름 이름을 입력하고, 흐름 트리거 선택 영역에서 [수동으로 flow 트리거]를 선택한 후 [만들기] 버튼을 누른다. [수동으로 Flow 트리거]에서 사용자 입력 종류 중 텍스트를 선택한다. ① 입력 추가를 선택하여 ②name 변수와 ③phonenum 변수를 생성한다. 문자를 수신할 사람의 이름과 전화번호를 입력한다.

06 수동으로 Flow 트리거 조건 설정이 완료되었으면, [새 단계] 버튼을 클릭하여 다음 자동화 단계를 추가한다. ①"HTTP"로 검색하여 ②[HTTP] 커넥터를 클릭하고 ③[HTTP] 동작을 선택한다.

07 ①'메서드'는 POST를 선택한다. ②'URI'는 알리고 문자 보내기 URI를 붙여넣기 한다. ③'헤더'는 content-type application/x-www-form-urlencoded를 입력한다. ⑥'본문'에는 문자 전송을 위해 필요한 변수 내용을 직접 기재한다. ④, ⑤앞서 5단계에서 생성한 phonenum, name과 같은 동적 콘텐츠의 변수를 선택하여 내용에 적절하게 삽입한다. ⑦흐름을 저장하자. 본문을 작성할 때 유의할 점은 앞 절의 카카오톡 알림톡 보내기를 참고한다.

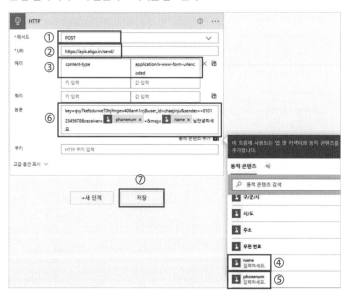

문자전송 API 가이드

문자를 전송하기 위한 알리고 API 스펙 가이드(https://smartsms.aligo.in/admin/api/spec.html)에 설명된 내용에 의하면, 문자 전송을 위한 API는 HTTPS 프로토콜을 사용하여 POST로 요청해야 한다.

문자보내기의 본문 필수 API 값은 key, user_id, token, sender, receiver, msg이다. sender(발신번호)는 사이트에 미리 등록된 번호만 사용할 수 있다.

키	설명	필수	타입
key	인증용 API Key	O	String
user_id	사용자id	O	String
sender	발신자 전화번호 (최대 16bytes)	O	String
receiver	수신자 전화번호 - 컴마()분기 입력으로 최대 1천명	O	String
msg	메시지 내용	O	String (1~2,000Byte)
msg_type	SMS(단문) , LMS(장문), MMS(그림문자) 구분	X	String
title	문자제목(LMS,MMS만 허용)	X	String (1~44Byte)
destination	%고객명% 치환용 입력	X	String
rdate	예약일 (현재일이상)	X	YYYYMMDD
rtime	예약시간 - 현재시간기준 10분이후	X	HHII
image1	첨부이미지 (image 또는 image1)	X	JPEG, PNG, GIF
image2	첨부이미지	X	JPEG, PNG, GIF
image3	첨부이미지	X	JPEG, PNG, GIF
testmode_yn	연동테스트시 Y 적용	X	String

08 사동화 흐름이 정상으로 동작하는지 확인하기 위해 테스트하고 최종적으로 알리고 홈페이지 전송결과 보기 페이지를 확인한다.

전송상태의 [상세보기]를 클릭하면 성공내역을 확인할 수 있다.

> ■ https://smartsms.aligo.in/shop/result_list.html

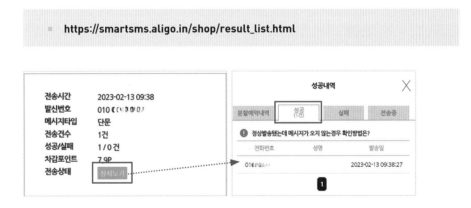

POWER
AUTOMATE
CLOUD

이번 장에서는 파워 플랫폼의 다양한 기능을 활용하여 실제 기업에서 활용하는 방문자 등록 시스템을 구현하는 방법을 소개한다. 시스템은 방문 요청자와 요청을 확인 후 승인하는 승인자의 관점을 각각 고려하여 구현해 본다. 이를 통해, 앞서 배운 기능들을 복습하는 데에 목적이 있다. 사용하는 서비스는 폼즈, 셰어포인트 리스트, 승인, 아웃룩 일정, 문자 메시지, 파워 앱스다. 마지막에는 승인자가 파워 앱스 앱으로 전체 흐름의 수행 결과가 되는 승인 방문자 명단을 모바일에서 확인한다.

7장

파워 플랫폼으로 구현
- 방문자 등록 시스템

폼즈 만들기

실행 영상 보기
https://youtu.be/zJwGa3pYtkM

파워 오토메이트는 마이크로소프트의 타 서
비스와 연계하여 서비스를 구현할 수 있다.
이번 절에서는 앞서 각각 따로 실습해 봤던

폼즈, 파워 앱스, 셰어포인트, 리스트를 연계한 사례를 구현한다.

폼즈를 통해 방문 신청자가 방문 신청정보를 입력하면, 셰어포인트 리스트에 입력 데
이터를 자동으로 저장하고, 담당자에게 신청내역을 알려준다. 담당자의 승인을 받으
면 요청자에게 메일과 문자 메시지로 알려주는 프로세스이다. 마지막에는 파워 앱스
를 활용해 셰어포인트를 파워 앱스 애플리케이션으로 변환한다.

01 먼저 사용자가 방문자 등록 신청을 할 수 있는 설문 양식을 폼즈로 구성해 보자. 폼즈 웹사이트
(https://forms.office.com/)에 접속한다.

방법	설명
새 양식	설문지 양식을 구현할 수 있으며 투표, 분기 질문을 지원. 응답 데이터의 고급 분석을 지원한다.
새 퀴즈	퀴즈 양식을 구현하여 온라인 학습 활용과 성취도 평가에 활용한다.

02 첫 화면에서 ①[새 양식]를 클릭하여 설문 입력 양식을 만들어 보자. 새 양식을 작성할 수 있는 화면이 나타난다. 왼쪽에는 양식 제목과 항목을 추가할 수 있고, ②오른쪽에서는 테마 스타일을 고를 수 있다. 또 ③'응답 수집'에서 응답자에게 설문을 전달하는 방법을 설정할 수 있다. 'URL 생성', 혹은 'QR 코드'를 생성해 응답자에게 설문을 전달할 수 있다.

03 ①[제목 없는 양식]란을 클릭하면 제목을 수정할 수 있다. ②"company_visit"을 입력한다.

04 ①[텍스트]를 클릭하여 텍스트 설문 항목에 기본값인 ②'질문' 값이 표기된 것을 확인한다.

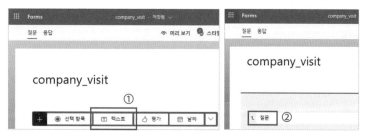

05 ①텍스트 설문 항목에 값을 입력한다. ②[+ 새로 추가]를 클릭하면 새 항목을 추가할 수 있다. 총 4개의 텍스트 항목을 만들고 설문 항목 이름을 작성한다.

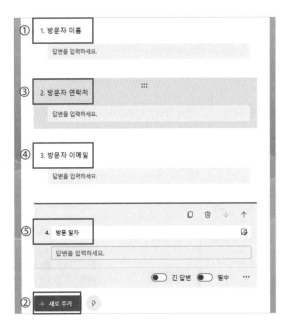

06 ①[응답 수집]을 클릭한다. '응답 보내기 및 수집' 창에서 [모든 사람이 답장할 수 있음]을 선택하자. 조직 외부에 있는 모든 사람도 응답할 수 있다. ②단축 URL을 생성하거나 ③QR 코드를 생성할 수 있다.

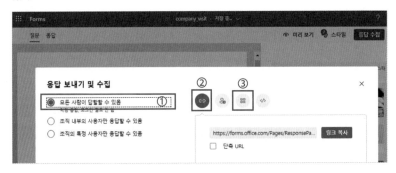

41

리스트 만들기

실행 영상 보기
https://youtu.be/sZn2HA1rar0

사용자가 데이터를 입력하게 되면 입력한 정보를 저장하는 공간을 준비한다. 리스트에서 열을 작성하여 간단한 목록을 작성할 수 있다.

<u>01</u> 왼쪽 상단의 ①와플 버튼을 클릭하여 ②[Lists]를 선택하면 'Microsoft Lists' 화면이 나타난다.

와플 버튼을 클릭한 뒤에 Lists가 보이지 않으면 모든 앱을 클릭하여 Lists를 찾아본다. 아래 링크를 통해서도 리스트에 진입할 수 있고 계정의 재로그인을 요청한다.

https://www.microsoft.com/ko-kr/microsoft-365/microsoft-lists

<u>02</u> ①[+ 새 목록]을 클릭하여 새 리스트를 만들고 ②[빈 목록]을 클릭한다.

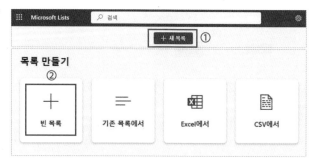

03 ①이름에 "com_visit_list"를 입력하고 [만들기]를 클릭한다.

04 기존 제목의 열 이름을 바꾸어 보자. ①[제목 → 열 설정 → 이름 바꾸기]를 순서대로 클릭한다. ②바꿀 열 이름으로 "성함"을 입력하자.

05 ①[열 추가]를 클릭하여 '텍스트' 열을 추가한다. [다음]을 눌러 열에 대한 정보를 입력하자. ②이름은 'phone', ③설명에는 '연락처'를 입력하고 ④[저장]을 눌러 저장한다.

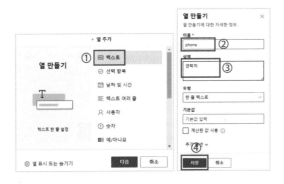

06 같은 방법으로 ①email 텍스트 열을 추가한다. ②이름은 'email', ③설명에는 '이메일 주소'를 입력하고 ④[저장]을 누른다.

07 날짜 및 시간을 담는 열을 만든다. ① [날짜 및 시간]을 클릭하고 [다음]을 누르고 ②이름은 'vdate'
③설명에는 '방문일자'를 입력하고 [저장]을 누른다.

08 승인 상태를 표현하고자 선택 항목 열을 만든다. ①열 만들기 후 [선택 항목]을 선택해서 [다음]
을 누른다. ②이름은 'status', ③설명에는 '승인상태'로 입력하고, ④선택 항목으로 'new', 'approve',
'reject' 세 가지 상태를 입력한다. 그리고 ⑤기본값은 'new'를 선택하고 저장한다.

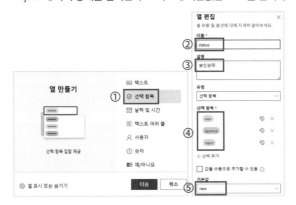

여기까지 작성하면 리스트의 열 작성하기 작업이 마무리된다.

폼즈 입력 데이터를 리스트에 저장

실행 영상 보기
https://youtu.be/Fr-Xgp3OPM

사용자가 폼즈에서 데이터를 입력하면 작성한 데이터가 리스트로 저장되도록 자동화를 구성해 보자. 구성 방법과 수행 흐름은 다음과 같다. 방문 신청자가 폼즈를 통해 방문 신청정보를 새로 응답하여 입력값이 추가되면, 폼즈가 양식 ID와 응답 ID로 고유 식별정보를 이용해 처리할 데이터를 일시적으로 담는다. 이후 담아둔 응답 세부 정보를 셰어포인트의 항목 만들기 기능으로 리스트에 자동으로 저장한다. 이 흐름을 파워 오토메이트로 구성해 보자.

01 파워 오토메이트 흐름을 생성하자. [자동화된 클라우드 흐름]을 생성하고 트리거는 Microsoft Forms에 [새 응답이 제출되는 경우]를 선택한다.

02 '새 응답이 제출되는 경우'의 양식 ID란의 콤보상자를 펼쳐 폼즈에서 생성했던 'company_visit'를 선택한다.

03 [새 단계]를 클릭하여 ① "forms"로 검색한다. 검색 결과에서 동작 탭의 ②[응답 세부 정보 가져오기]를 클릭한다.

04 응답 세부 정보 가져오기에서 ①양식 ID는 'company_visit'를 선택한다. ②응답 ID는 첫 번째 흐름인 '새 응답이 제출되는 경우'의 '응답 ID'를 선택한다. 첫 번째 흐름에서 생성된 ID 값을 현재 흐름으로 가져와 사용한다는 뜻이다.

05 새 단계를 생성한다. "Share-Point"로 검색하고 동작에서 [항목 만들기]를 선택한 뒤 다음과 같이 값을 입력한다. 사이트 주소에 내 리스트의 사이트 주소를 입력한다. 이후 '목록 이름'란에 선택할 수 있는 목록 이름이 나타난다. SharePoint에서 생성한 'com_visit_list'를 선택한다. '제목', 'phone', 'email', 'vdate'는 동적 콘텐츠에서 지정하고, 'status Value'는 'new'를 선택한다.

항목	설명
①사이트 주소	내 리스트의 사이트 주소이다. 예) https://조직명-my.sharepoint.com/sites/sitename
②목록 이름	리스트의 이름이다. SharePoint에서 생성한 'com_visit_list'를 선택한다.
③제목(Title)	리스트의 첫째 열 데이터이다. 동적 콘텐츠에서 '방문자 이름'을 선택한다.
④phone	동적 콘텐츠에서 '방문자 연락처'를 선택한다.
⑤email	동적 콘텐츠에서 '방문자 이메일'을 선택한다.
⑥vdate	동적 콘텐츠에서 '방문 일자'을 선택한다.
⑦status Value	'new'를 선택한다.

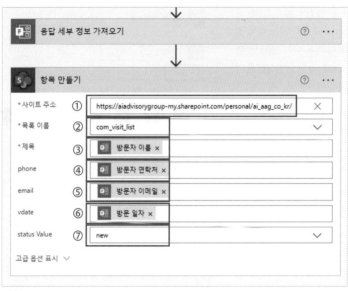

TIP

사이트 주소 항목은 앞서 작업한 리스트의 URL을 입력해야 한다. 작성하는 절차를 자세히 설명한다. 먼저 흐름에서 '사이트 주소' 입력란의 콤보상자에서 '사용자 지정 값'을 선택한 다음, URL을 붙여 넣는 다. URL은 아래와 같이 주소창에서 사이트명까지만 발췌해 복사하면 된다. 다른 방법으로 URL을 취득 하는 방법은, 왼쪽 상단의 [Microsoft Lists]를 클릭하여 마이크로소프트 리스트의 초기화면으로 이동 하여 전체 URL을 복사한다.

06 생성한 흐름을 저장하여 파 워 오토메이트 흐름 작성을 마 친다.

07 테스트 데이터를 작성한다. 방문자 등록 요청을 받기위해 구성했던 폼즈에 작성하거나 리스트에 직 접 입력할 수 있다. 여기서는 리스트에 데이터를 직접 입력해본다.

NO	이름	연락처	이메일	방문일자
1	김철수	010-0001-0002	ai@aag.co.kr	2023-03-13
2	이영미	010-0002-0003	ai@aag.co.kr	2023-03-14
3	박원정	010-0003-0004	ai@aag.co.kr	2023-03-15
4	김민우	010-0004-0005	ai@aag.co.kr	2023-03-16
5	김민재	010-0005-0006	ai@aag.co.kr	2023-03-17

조금 더 알아보기

리스트에 엑셀 데이터를 붙여넣기

리스트의 데이터는 손쉽게 내보내기를 할 수 있으나 엑셀 파일 업로드 기능을 제공하고 있지 않다. 그리드 뷰에서 편집 기능을 활용하여 엑셀에 작성한 데이터를 손쉽게 붙여보자.

01 '그리드 뷰에서 편집'을 클릭한다.

02 첫 열이 자동으로 선택된다. [ESC] 키를 눌러 활성화를 해제한다.

03 붙여 넣을 엑셀 데이터를 준비한다. 엑셀의 셀을 복사한 뒤, + 영역을 클릭하여 포커스를 그리드 뷰로 지정한 후, [CTRL+V]를 입력하여 붙여넣기 한다.

04 다음과 같이 데이터가 입력되었다. [그리드 뷰 종료]를 클릭하여 화면을 종료한다.

여기까지 파워 오토메이트 흐름 구성과 승인 기능을 테스트하기 위한 준비가 완료되었다.

43

승인 절차와 승인 여부 메일 발송

실행 영상 보기
https://youtu.be/JndNExtYqRs

승인 절차와 승인 여부에 따른 메일 발송 기능을 구현해 보자. 이전의 파워 오토메이트 흐름에서 계속하여 작성한다.

승인을 사용하면 작업 흐름에서 승인 프로세스를 시작하고 완료될 때까지 기다린다. 승인 허가자는 승인 요청을 받고 취소할 수도 있다.

01 [+ 새 단계]를 추가하여 '승인 시작 및 대기'를 선택한다.

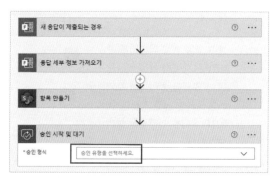

02 승인 형식은 '승인/거부 - 첫 번째로 응답'을 선택하고 제목, 할당 대상, 세부 정보, 항목 링크를 입력한다.

항목	설명
사용자 지정 응답 - 모든 응답 대기	응답 옵션을 사용자 지정할 수 있다. 다수의 승인자가 있을 때, 모든 승인자의 응답을 받는 것이 필요할 때 사용한다.
사용자 지정 응답 - 한 개 응답 대기	응답 옵션을 사용자 지정할 수 있고, 동일한 권한을 가진 여러 승인자 중 먼저 확인하는 승인자의 응답을 받아 다음 흐름으로 진행된다.

승인/거부 - 모든 사용자가 승인해야 함	모든 승인자의 만장일치 승인이 필요할 때 사용한다. 승인자는 거부를 선택할 수 있으며, 승인 절차 후 승인 여부에 따른 분기 흐름을 구성할 수 있다.
승인/거부 - 첫 번째로 응답	동일한 권한을 가진 여러 승인자 중 먼저 확인한 승인자의 승인 여부에 따라 다음 흐름으로 진행된다. 승인자는 거부를 선택할 수 있으며, 승인 절차 후 승인 여부에 따른 분기 흐름을 구성할 수 있다.

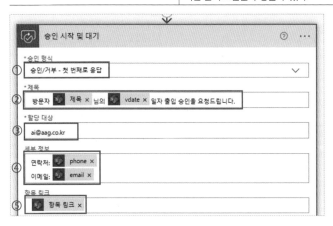

03 승인 여부에 따른 분기 흐름을 구성한다. '새 단계'를 추가하고 '컨트롤'의 [조건]을 선택한다.

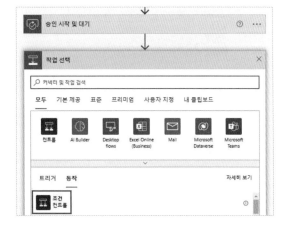

04 승인자가 승인하면 승인 결과가 'Approve'로 반환된다. ①'값 선택' 란에 매개변수 '결과'를 선택한다. 그리고 조건을 다음과 같음으로 두고 오른쪽의 값 선택에 ②'Approve'를 입력한다.

TIP

여기서 'Approve' 앞에 대문자를 정확히 구분하여 입력한다. 또한, 앞서 승인 상태를 표현하기 위해 리스트에 선택 항목으로 직접 기재했던 'new', 'approve', 'reject'와는 별개이므로 혼동하지 않도록 한다.

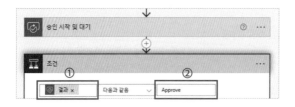

05 '예인 경우' 란에서 [작업 추가]를 클릭한다.

06 SharePoint의 '항목 업데이트'를 선택하고 각 항목의 값을 입력한다.

항목	설명
①사이트 주소	내 리스트의 사이트 주소이다. 예) https://조직명-my.sharepoint.com/sites/sitename
②목록 이름	리스트의 이름이다. 셰어포인트에서 생성한 'com_visit_list'를 선택한다.
③ID	'항목 만들기'에서 ID를 입력한다.
④제목	'항목 만들기'의 제목을 입력한다.
⑤status Value	'Approve'를 선택한다.

07 '예인 경우' 흐름에 새 단계를 추가하여 [메일 보내기(V2)]를 선택한다.

08 ①받는 사람, ②제목과 ③본문에 다음과 같이 매개변수와 텍스트를 조합하여 메일을 발송한다. 메일 보내기에 연결된 매개변수는 모두 항목 업데이트의 매개변수이며, email 매개변수는 방문 요청자의 email 정보이다. 제목 매개변수는 방문 요청자의 이름이다. vdate 매개변수는 방문일자이다.

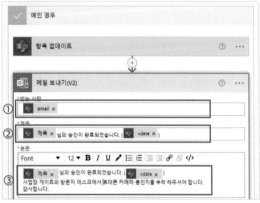

09 '아니요인 경우' 흐름을 작성할 준비를 한다. 예인 경우의 흐름을 복사하여 재사용하자.

10 '아니요인 경우'에서 [작업 추가]를 클릭한 뒤 [내 클립보드]를 선택한다. '메일 보내기(V2)'와 '항목 업데이트' 흐름이 내 클립보드 메뉴에 표시 되어 있다.

11 순서대로 항목 업데이트를 추가하고 또 [작업 추가]를 클릭한 뒤 내 클립보드의 [메일 보내기(V2)]를 선택한다.

12 '아니요인 경우'의 항목 업데이트에 'status Value'의 값을 "reject"로 변경한다.

13 '아니요인 경우' 흐름에서는 매개변수를 수정해야 한다. 매개변수를 입력할 때 이름이 같더라도 동적 콘텐츠 ④'항목 업데이트 2'의 매개변수인지 확인하고 입력하도록 한다.
메일 보내기의 제목과 본문의 텍스트 내용을 '승인'이 아닌 '거절' 흐름에 맞게 다음과 같이 문구를 수정한다.

항목	설명
①email	동적 콘텐츠에서 '항목 업데이트2'의 email을 선택한다.
②제목	동적 콘텐츠에서 '항목 업데이트2'의 제목을 선택한다. 이후 제목 내용을 구성하기 위해 '님의 승인이 반려되었습니다.('를 작성하고 동적 콘텐츠에서 '항목 업데이트2'의 vdate를 입력한 뒤 ')'를 입력한다. 표시되는 제목의 예는 다음과 같다. 예) 노코드연구원님의 승인이 반려 되었습니다.(2023-03-24)
③본문	동적 콘텐츠에서 '항목 업데이트2'의 제목을 선택한다. 이후 제목 내용을 구성하기 위해 '님의 승인이 반려되었습니다.'를 작성한다. 표시되는 제목의 예는 다음과 같다. 예) 노코드연구원님의 승인이 반려되었습니다.

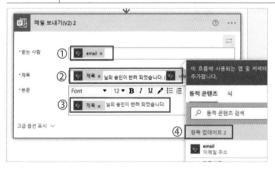

여기까지 파워 오토메이트에 승인 흐름 추가 및 승인과 거절에 따른 메일 발송 기능을 구현했다.

방문 일정을 달력에 추가하기

실행 영상 보기
https://youtu.be/teOSqnii-pw

승인자가 방문을 승인했을 경우, 방문 일자를 기억하기 위해 아웃룩 일정에 추가해 보자. 이전의 파워 오토메이트 흐름에서 계속하여 작성한다.

 TIP

아웃룩에는 일정 메뉴가 있다. 여기서 추가된 일정을 확인할 수 있다.
우리가 일정 추가를 구현한 결과는 다음과 같다.

• 요청자의 이름+님 방문신청으로 일정 제목을 작성한다.
• 요청 시작 시간은 오전 8시, 요정 종료 시간은 오후 6시까지이다.

01 작성 중인 파워 오토메이트 흐름에서 '조건' → '예인 경우'로 이동한다. '메일 보내기(V2)'의 다음 흐름에 [작업 추가]를 클릭하여 "이벤트 만들기"를 검색 후 선택한다.

02 이벤트 만들기의 일정ID, 제목, 시작시간, 종료시간, 표준 시간대를 모두 작성한다.

항목	입력 설명
① 일정ID	방문자의 방문일자를 추가할 아웃룩 달력을 선택한다. 기본값으로 생일, 일정, 한국의 공휴일을 선택할 수 있다. 이 중 '일정'을 선택한다.
② 제목	달력에 표시될 일정의 제목이다. 항목 업데이트의 '제목'을 선택하고 '님 방문신청'을 입력한다.
③ 시작시간	시작일자와 시간을 입력한다. 방문일 오전 8시로 입력하고자 한다. 방문일을 가져올 수 있도록 항목 업데이트의 'vdate'을 선택하고 뒤이어 'T08:00:00'을 입력한다. 24시 중 8시로, 오전 8시를 의미한다.
④ 종료시간	종료일자와 시간을 입력한다. 방문일 오후 6시로 입력하고자 한다. 방문일을 가져올 수 있도록 항목 업데이트의 'vdate'을 선택하고 뒤이어 'T18:00:00'을 입력한다. 24시 중 18시로, 오후 6시를 의미한다.
⑤ 표준 시간대	UTC(세계표준시)를 선택하여 시작시간과 'seoul'을 검색하여 입력할 수 있다.

여기까지 파워 오토메이트로 방문 일정을 아웃룩 달력에 추가하는 흐름을 구현했다.

45

승인 결과 문자 메시지 알림

실행 영상 보기
https://youtu.be/IPXQ6jXVzBQ

방문자는 방문 요청을 한 뒤에 승인자의 승인을 기다리게 된다. 만약 승인 결과를 즉시 문자 메시지로 알려준다면 승인이 완료되었는지 메일을 확인하지 않아도 되어 더욱 편리할 것이다. 승인자의 승인 여부를 문자 메시지로 알려주도록 구현해 보자.

TIP

문자 메시지는 Twilio를 이용하여 발송할 수 있다. 타인의 연락처로 문자 메시지를 발송할 때는 무료 크레딧을 모두 소진하면 구매가 필요하다.

01 작성 중인 파워 오토메이트 흐름에서 '조건' → '예인 경우'로 이동한다. '이벤트 만들기(V4)'의 다음 흐름에 [작업 추가]를 클릭하여 "twilio"를 검색 후 선택한다.

TIP

1단계 진행을 위해 Twilio의 계정 연결이 필요하며, 'Twilio 커넥터로 문자 메시지 보내기' 절에서 계정 연결 방법을 참고한다.

02

보내는 전화번호, 받는 전화번호, 텍스트를 모두 작성한다.

항목	입력 설명
보내는 전화번호	문자 메시지 수신자에게 표시될 보내는 전화번호이다. Twilio 계정 연결 상태에서는 Twilio 제공 전화번호가 나타난다. 이것을 선택한다.
받는 전화번호	문자 메시지 수신자의 연락처를 입력한다. 국가번호 입력이 필요하므로 '+82'를 먼저 입력하고 '항목 업데이트'의 'phone'를 입력한다.
텍스트	문자 메시지 내용을 입력한다. '항목 업데이트'의 제목을 입력하고 '님의 방문 신청이 승인 완료되었습니다.('를 작성한다. 그리고 '항목 업데이트'의 vdate를 입력한다. 마지막으로 닫는 괄호 ')'를 입력한다. 입력결과 예) 로켓맨님의 방문 신청이 승인 완료되었습니다.(2023-03-16)

승인자가 승인을 거절했을 경우를 작성한다. 작성 중인 파워 오토메이트 흐름에서 '조건' → '아니요인 경우'로 이동한다. '메일 보내기(V2)'의 다음 흐름에 [작업 추가]를 클릭하여 'twilio'를 검색 후 선택한다.

04 보내는 전화번호, 받는 전화번호, 텍스트를 모두 작성한다.

TIP

2단계와 텍스트 외에 모두 동일하므로 해당 '문자 메시지 보내기' 작업을 복사해서 수정해도 된다.

항목	입력 설명
①보내는 전화번호	문자 메시지 수신자에게 표시될 보내는 전화번호. Twillo 계정 연결 상태에서는 Twilio 제공 전화번호가 나타난다. 이것을 선택한다.
②받는 전화번호	문자 메시지 수신자의 연락처를 입력한다. 국가번호 입력이 필요하므로 '+82'를 먼저 입력하고 '항목 업데이트'의 phone를 입력한다.
③텍스트	문자 메시지 내용을 입력한다. '항목 업데이트'의 제목을 입력하고 '님의 방문 신청이 거절 되었습니다.('를 작성한다. 그리고 '항목 업데이트'의 vdate를 입력한다. 마지막으로 닫는 괄호 ')'를 입력한다. 입력결과 예) 로켓맨님의 방문 신청이 거절되었습니다.(2023-03-16)

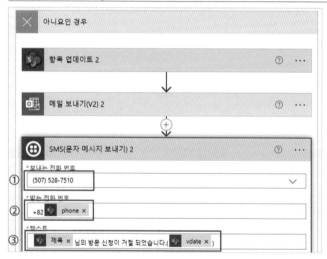

여기까지 파워 오토메이트로 방문자에게 승인 결과를 문자 메시지로 알리는 흐름을 구현했다.

파워 앱스 만들기

실행 영상 보기
https://youtu.be/iOeuMCqVBUk

관리자 관점에서 승인된 방문자 명단을 리스트에서 직접 확인하며 관리할 수 있다. 이것을 앱으로 확인하면 더욱 편리할 것이다.

이 절에서는 파워 앱스로 조회 앱을 만들고 만든 앱을 통해 조회할 수 있도록 만들어 보자.

01 MS 파워 플랫폼으로 간단히 앱을 만들어 보기 위해 파워 앱스 웹사이트(https://make.powerapps.com/)에 접속하자.

02 셰어포인트 리스트를 이용해 앱을 자동 생성해 보자. 시작 항목 중 [SharePoint]를 클릭한다.

03 ①'캔버스' → '연결' 화면이 나타나며 화면 왼쪽에 '셰어포인트'가 기본 선택 되어있다. ② 화면 오른쪽에 셰어포인트 사이트에 연결 세팅이 나온다. 리스트의 URL을 입력한다. ③입력 후 [이동] 버튼을 클릭한다.

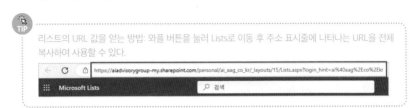

TIP 리스트의 URL 값을 얻는 방법: 와플 버튼을 눌러 Lists로 이동 후 주소 표시줄에 나타나는 URL을 전체 복사하여 사용할 수 있다.

04 셰어포인트 사이트에서 ① 'com_visit_list' 리스트를 클릭하고 ②[연결]을 클릭한다.

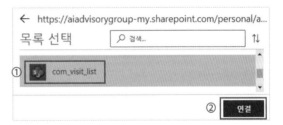

05 ①자동으로 앱 생성 과정을 거친다. 생성이 완료되면 잠시 후 Power Apps Studio 시작 창이 나타난다. ②[이 앱의 미리 보기 확인 >]을 클릭한다.

06 자동으로 파워 앱스 앱이 생성되었다.

모바일 기기에서 파워 앱스 실행하기

모바일 기기에서 파워 앱스를 실행하려면 모바일 파워 앱스 앱을 설치해야 한다. 또한, 앱의 URL 링크 주소로도 접속할 수 있다. 안드로이드는 플레이스토어에서, 애플은 앱스토어에서 '파워 앱스'를 검색하여 내려받으면 된다. 설치한 앱을 실행하면 파워 앱스에서 만든 앱을 확인할 수 있다. 파워 앱스 앱을 실행한 후에는 로그인 → 모든 앱 → 작성한 파워 앱스 앱을 실행한다. 모든 앱에서 생성한 앱이 나타나지 않으면, 몇 분후 다시 모든 앱 메뉴의 목록을 확인한다.

POWER
AUTOMATE
CLOUD

부록

부록
1

데이터베이스 연결하기

파워 오토메이트는 데이터베이스와 연계한 자동화 흐름을 수행할 수 있다. 여기서는 MS 클라우드 서비스인 Azure SQL Server를 활용하여 데이터베이스를 생성 후 쿼리를 실행해본다. 이후 파워 오토메이트로 쿼리를 실행하는 흐름을 구성한다.

클라우드 서비스를 이용하려면 신용카드를 등록하여 서비스 구독을 시작한 상태에서 사용이 가능하며, 실습이 끝나면 클라우드에 생성한 데이터베이스는 삭제하여 과금이 발생하지 않도록 주의한다.

데이터베이스 환경을 만들기 위해 Azure 클라우드 포탈 화면으로 이동하자.

> ■ https://portal.azure.com/

01 포탈 화면에서 [SQL데이터베이스]를 클릭한다.

02 데이터베이스를 생성하고 삭제할 수 있는 화면이다. 데이터베이스를 생성하기위해 [+ 만들기]를 클릭한다.

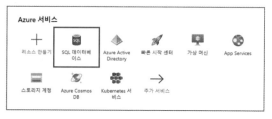

03 다음 그림은 데이터베이스 생성에 필요한 상세 설정하는 화면이다. 순차적으로 기본, 네트워킹, 보안, 추가 설정, 태그, 검토 + 만들기 순으로 넘어가며 세팅을 진행한다.

먼저 '기본'을 설정한다.

①리소스 그룹	같은 사용 권한 및 정책을 공유하는 리소스의 컬렉션이다. 실습에서는 [새로 만들기] 클릭하여 'PA'를 입력했다.
②데이터베이스 이름	각 데이터베이스를 식별하는 이름이다. 실습에서는 'MSPA'를 입력했다.
③서버이름	하단의 [새로 만들기] 클릭한다. 이후 새로 나타나는 화면에서 자세한 설정이 필요하다. 설정하는 정보는 데이터베이스 서버의 이름, 위치, 계정정보, 인증방법이다.

TIP
데이터베이스 이름 생성규칙

이름에 '.' 또는 ' '로 끝나거나 '<,>,*,%,&,:,₩,/,?'를 포함할 수 없다.

04 다음과 같이 상세 설정 정보를 입력하고 ⑤[확인]을 클릭하면 이전의 '기본' 설정 화면으로 돌아간다.

①서버 이름	서버 이름을 결정하여 입력한다. 이때, 이미 생성된 서버 이름은 중복하여 사용할 수 없으므로 임의의 서버 이름을 작성한다. 서버가 생성되면 서버에 접근할 수 있는 주소가 서버 이름.database.windows.net로 생성된다.

②위치	Azure 클라우드 센터의 위치를 고를 수 있다. 기본으로 미국 동부가 설정 되어있는데, 그대로 해도 무방하나 실습에서는 한국 센터인 '(Asia Pacific) Korea Central'를 선택한다.
③인증 방법	'SQL 인증 사용'을 선택한다.
④서버 관리자 로그인	관리자 ID와 암호를 작성한다. 실습 ID는 앞에서 지은 '서버 이름'을 조합하여 '서버 이름_admin'으로 지정한다. ID 생성 규칙에 어긋나지 않는다면 바꾸어 사용해도 된다.

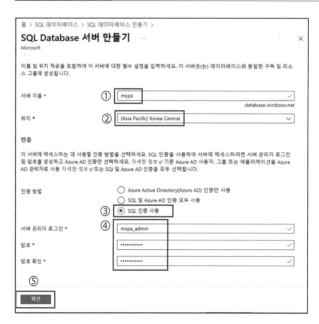

TIP

서버 관리자 로그인 이름 생성 규칙

로그인 이름에 SQL 식별자, 일반적인 시스템 이름(예: admin, administrator, sa, root, dbmanager, loginmanager) 또는 기본 제공 데이터베이스 사용자/역할(예: dbo, guest, public)을 사용해서는 안 된다.

05 '기본' 설정 화면에서 앞서 설정한 리소스 그룹, 데이터베이스 이름과 서버 정보가 잘 기입되었는지 확인하고 ①SQL Elastic Pool ②컴퓨팅+스토리지 항목을 확인한 뒤 ③[다음: 네트워킹>]를 클릭하여 네트워킹 세부 설정을 한다.

①SQL Elastic Pool	부하에 따른 리소스 사용량을 탄력적으로 조정하는 솔루션을 쓸 것인지 묻는 메뉴이다. [아니오]를 선택한다.
②컴퓨팅+스토리지	성능 구성에 대한 내용이다. 표준(Standard) S0이 기본 설정 되어있는 것을 확인한다.

컴퓨팅+스토리지: 데이터베이스의 성능 구성

향후 Azure Database를 구매하여 사용할 때 고려가 필요한 내용이다.

DTU는 데이터베이스 트랜잭션 단위이며, CPU, 메모리, 읽기 및 쓰기의 혼합 측정값이다. DTU 기반 및
vCore 구매 모델을 제공하며 최적의 결정을 위해 MS 파트너와의 상담을 권장한다.

06 네트워킹 세부 설정을 다음과 같이 설정하고 [다음: 보안>], 그리고 [다음: 추가 설정>] 버튼을 클릭
하여 '추가 설정' 메뉴로 이동한다.

①연결 방법	[퍼블릭 엔드포인트]를 선택한다.
②방화벽 규칙	Azure 서비스 및 리소스가 이 서버에 액세스하도록 허용 - [예] 선택
③현재 클라이언트 IP주소 추가	[예] 선택

07 '추가 설정' 메뉴에서 ①'기존 데이터 사용' 항목은 [샘플]을 선택한다. 데이터베이스의 세팅 초기부터 테스트용으로 사용할 수 있는 샘플 데이터를 적재시켜 준다. 본 실습에서는 이 샘플데이터는 활용하지 않으나 이 데이터를 활용하여 별도 자료 입력 과정 없이 데이터베이스를 테스트할 수 있으므로 선택을 추천한다. ②[검토 + 만들기]를 클릭한다.

08 여기까지 진행하면, ①월별 발생하는 서비스 예상 비용이 표기된다. 실습에 사용한 계정이 기존에 Azure를 무료 체험하지 않은 계정이라면, 함께 실습한 설정대로 진행하면 12개월간 무료로 제공된다.
②[만들기]를 클릭하면 Azure 서버에 배포한다. '배포가 진행 중'이라는 화면이 나타난다.

TIP

Azure SQL Database를 12개월간 무료 제공

2023년 1분기 현재, 우리가 실습에 사용하는 Azure SQL Database DTU 10, 250GB S0 인스턴스는 1년 동안 무료로 제공하고 있다. 더불어 USD200 크레딧을 제공하고 있다.

더욱 제공되는 기능은 아래 링크에서 확인할 수 있다.

https://azure.microsoft.com/ko-kr/pricing/purchase-options/pay-as-you-go/

09 배포 진행 중 화면이 나타나면 잠시 이 화면에서 다른 작업을 하지 않고 대기해야 한다. 10분 안에 데이터베이스가 구성된다.

10 SQL 데이터베이스 생성이 완료되었다. 완료되면 화면이 데이터베이스 목록 화면으로 전환되어 생성된 데이터베이스를 볼 수 있다.

11 Azure SQL 데이터베이스를 실습할 수 있는 데이터베이스를 만들었다. 이제 SQL 트랜잭션을 실습하기 위해 Azure Data Studio를 설치하자. Azure Data Studio는 기존의 SSMS(SQL Server Management Studio)와 같은 역할을 한다.

[지금 다운로드]를 눌러 자신의 환경에 맞는 버전을 클릭하여 내려받는다.

TIP

Type은 User Installer로 하여 설치 파일을 내려받는다. 설치 파일은 약 100MB 이상이며, exe 파일로 설치 파일을 배포하고 있다. 내려받기가 끝나면 실행하여 설치 과정을 마치도록 한다.

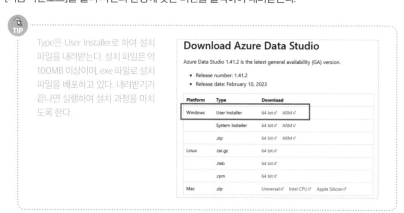

12 Azure Data Studio를 설치한 화면이다. 여기부터는 생성한 SQL 데이터베이스에 손쉽게 연결하는 방법을 설명한다.

13 Azure SQL 데이터베이스로
이동하고 생성한 데이터베이
스의 이름을 클릭한다.

14 Azure Data Studio와 MS
Azure의 연결을 위해 서버 방
화벽 설정이 필요하다. [서버
방화벽 설정]을 클릭한다.

15 네트워킹 설정화면 하단의
[+ 방화벽 규칙 추가]를 클릭
한다.

16 로컬PC의 IP 정보를 입력하여
Azure 서비스가 액세스할 수
있도록 한다.

17 ①[다음을 사용하여 연결]을 클릭하고 활성화된 콤보상자에서 ②[Azure Data Studio]를 클릭한다.

18 Azure Data Studio의 시작 화면이 나타난다. [지금 시작]을 클릭한다.

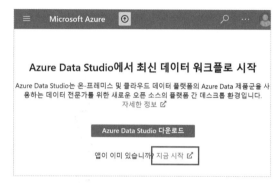

19 Azure Data Studio가 활성화되면서 연결을 원하는지 묻는다. 이때 Azure Data Studio를 실행하기 위한 데이터베이스 연결 정보를 전달해 주어 속성 정보를 확인하는 수고를 덜고 간편히 접속할 수 있다. 다만, 로그인 정보는 재입력이 필요하다.

20 초기에는 사용자 로그인 정보가 없어 연결 오류 메시지가 나타난다. 다음과 같은 경고창이 나오면 [OK]를 클릭한다. 이후 사용자 ID와 PW를 입력해야 한다.

21 Azure Data Studio에 연결이 필요한 사용자 ID
와 PW를 입력한다.

22 연결된 것을 확인하고 데이
터를 입력할 테이블을 생성
해 보자. Tables 폴더를 마우
스 오른쪽 버튼으로 클릭하여
[New Table]을 선택한다.

23 테이블을 생성한다. ①테이블 이름을 작성한다. ②[+New Column]을 클릭하여 행을 추가한다. ③
Name과 Type을 설정해서 테이블을 생성한다.

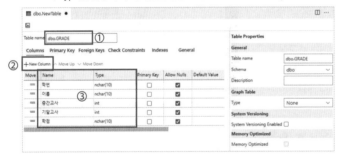

24 데이터베이스의 업데이트를 알리는 창이 나
타난다. 테이블을 생성할 것인지 재확인한다.
[Update Database]를 클릭하여 계속 진행한다.

25 왼쪽 탐색창에서 새로 작성한 테이블을 확인한다. Tables를 마우스 오른쪽 버튼으로 클릭하여 [Refresh]를 누르면 왼쪽 탐색창에 생성한 테이블이 나타난다.

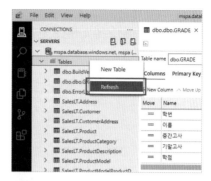

26 데이터를 입력해 보자. 생성한 테이블을 마우스 오른쪽 버튼으로 클릭하고 [Edit Data]를 선택한다.

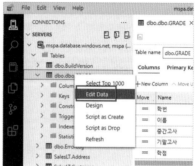

27 데이터를 엑셀처럼 직접 입력할 수 있는 화면이 나온다. 성적 데이터를 입력한다.
실습에 사용되는 '학번' 필드의 데이터는 다음 그림의 데이터 그대로 입력한다.

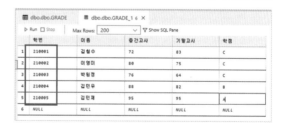

28 테이블을 하나 더 만들어 보자. 이번에는 앞서 생성한 GRADE 테이블과 같이 학생 전화번호 테이블을 생성하고 엑셀 데이터를 테이블에 입력한다. ①테이블 이름을 작성한다. ②[+New Column]을 클릭하여 행을 추가한다. ③Name과 Type를 설정하고 테이블을 생성한다.

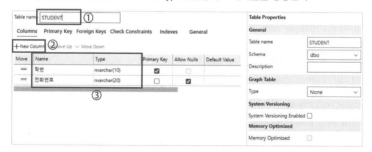

29 왼쪽 데이터베이스 탐색기에서 생성한 'STUDENT' 테이블을 마우스 오른쪽 버튼으로 클릭하고 [Edit Data]를 선택한다.

30 데이터를 입력할 수 있는 화면이 나타난다. 학번, 전화번호 필드의 데이터를 입력한다. 실습에 사용되는 '학번' 필드의 데이터는 다음 그림의 데이터 그대로 입력한다.

	학번	전화번호
1	210001	010-1234-1111
2	210002	010-1234-1112
3	210003	010-1234-1113
4	210004	010-1234-1114
5	210005	010-1234-1115
6	*NULL*	*NULL*

31 쿼리편집기에서 쿼리를 작성해 보자. Files 메뉴의 [New Query]를 클릭한다.

32 조인 테이블 조회를 테스트해 보자. 2개 테이블을 학번으로 연결하는 SQL문을 작성해서 실행하고 결과를 확인해 본다. 쿼리를 입력한 후에는 쿼리 실행 단축키 [F5]를 클릭한다. 쿼리가 수행되어 하단에 데이터 조회 결과가 나타난다.

SELECT * FROM GRADE
INNER JOIN STUDENT
ON GRADE.학번 = STUDENT.학번

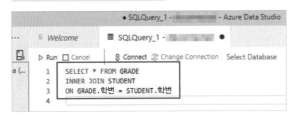

33 WHERE 조건문도 입력하고 수행하여 결과를 확인해 본다. 쿼리를 입력한 후에는 단축키 [F5]를 클릭한다. 쿼리가 수행되어 하단에 데이터 조회 결과가 나타난다.

SELECT * FROM GRADE INNER JOIN STUDENT

ON GRADE.학번 = STUDENT.학번

WHERE GRADE.학번 = '210003'

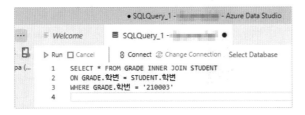

데이터 변경 SQL 알아보기

테이블에 데이터를 입력하거나 변경할 때는 다음과 같은 명령어를 사용한다.

명령어	기능
UPDATE	데이터 변경
INSERT	데이터 생성
DELETE	데이터 삭제

각각의 SQL 명령어를 간략하게 실습해 보자. 자세한 사항은 시중의 SQL 서적을 참고하도록 한다.

명령어	SQL 예제
[UPDATE] STUDENT 테이블의 학번에 해당하는 전화번호를 변경함	**UPDATE STUDENT** **SET 전화번호 = '010-2222-7777'** **WHERE 학번 = '210003'**
[INSERT] STUDENT 테이블에 새로운 행을 삽입함	**INSERT INTO STUDENT** **(학번, 전화번호)** **VALUES** **('210006', '010-1004-7777')**
[DELETE] STUDENT 테이블 데이터를 삭제함	**DELETE FROM STUDENT** **WHERE 학번 = '210006'**

34 테이블 내 상위 1,000개의 레코드를 조회해 본다. GRADE 테이블을 마우스 오른쪽 버튼으로 클릭하여 [Select Top 1000]을 클릭한다.

35 자동으로 상위 1,000개의 조회 결과를 출력하는 쿼리가 작성된다. 하단의 Results 창에는 수행 결과가 나타난다.

36 앞서와 같이 테이블을 조회하는 내용을 파워 오토메이트로 흐름을 작성해 본다. SQL의 '테이블 가져오기(V2)'를 추가하고 ①서버 이름과 ②데이터베이스 이름을 입력한다.

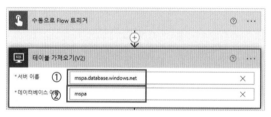

37 SQL의 'SQL 쿼리 실행(V2)'를 추가하고 ①서버 이름과 ②데이터베이스 이름을 입력한다. ③쿼리 내용을 작성하고 실행 결과를 확인해 본다.

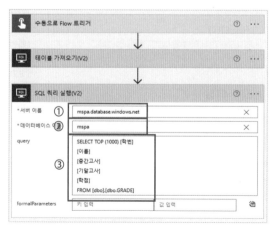

Azure SQL데이터베이스의 삭제

클라우드는 스토리지 외에도 컴퓨팅 자원을 빌려 사용하는 공간이다. 사용할 자원을 생성한 이후에는 요금이 발생한다. 별도의 조작을 하지 않아도 집에 TV를 켜놓고 출근하면 전기요금이 계속 발생하듯, 생성한 자원을 계속 유지하기 위해 클라우드는 서비스를 수행하기 때문이다. 그러므로 사용하지 않는 자원은 즉시 삭제하는 것을 권장하며 이번 실습 이후 당분간 Azure SQL 데이터베이스를 실습하지 않을 것이라면 Azure SQL 데이터베이스 자원을 삭제하자.

'홈' 화면에서 [삭제]를 클릭한다.

리소스 삭제 확인란에 '예'를 입력하고 [삭제] 버튼을 클릭하면 생성한 데이터베이스가 삭제된다.

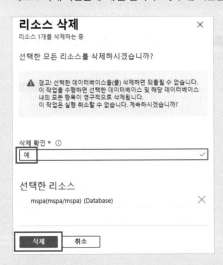

부록
2

Azure Logic Apps 실습(심화)

실행 영상 보기
https://youtu.be/eqzHHnVWrqc

애저 로직 앱스(Azure Logic Apps)는 비즈니스 프로세스와 자동화를 구현할 수 있는 서비스형 통합 플랫폼(iPaaS, Integration-Platform-as-a-Service)이다. MS에 따르면, 대상 사용자는 IT 전문가와 개발자이다. 로직 앱스는 논리 앱 디자이너 도구를 이용하여 자동화를 구성할 수 있다. 이 도구는 파워 오토메이트의 화면과 구성이 매우 유사하다.

로직 앱스를 사용할 수 있는 환경은 Azure 클라우드 환경 혹은 Azure 클라우드와 기업 자체 데이터 센터를 통합한 환경이다. 로직 앱스는 별도 설정없이 기본적으로 처리 이벤트에 기반한 동적 오토 스케일링을 지원한다.

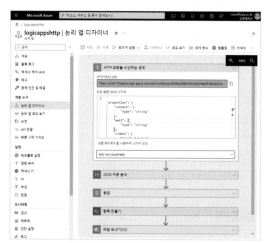

클라우드 서비스를 사용하여 얻을 수 있는 다양한 장점이 있다.

초기 인프라 구축 비용을 절감하고 서비스 오픈 속도를 높일 수 있다. 또한, 오토 스케일링을 지원하여 급격하게 발생한 대용량 트랜잭션도 신속하게 처리할 수 있다. 오토 스케일링은 블랙 프라이데이 선착순 판매에 몰려든 소비자들, 그리고 원하는 수업을 확보하기 위해 수강 신청 시작시간에 학생들이 몰리는 상황이 발생할 때, 자원을 키워 할당하는 것이다. 알려진 오토 스케일링 사례 중 항공권 검색 구매 서비스를 제공하는 스카이 스캐너는 블랙 프라이데이 할인 때 서비스 중단이 감소했고 인프라 운영 비용도 크게 절감한 사례가 있다.

로직 앱스에서 제공하는 다양한 커넥터를 통해 외부 서비스와 데이터를 주고받을 수 있는 인터페이스를 제공하며, 매우 폭넓게 자동화 대상을 확장할 수 있다. Rest API를 제공한다면, 직접 조직에 자체 구현 서비스도 자동화에 포함할 수 있다.

글로벌 사용 사례를 살펴보면, 캐나다 토론토에 본사를 둔 Manulife Financial Corporation은 애저 로직 앱스를 사용하여 워크플로, 승인, 모니터링, 감사 추적을 자동화했다. 또, 코카콜라는 맞춤형 커넥터를 구축했고 특히 통합 SAP 솔루션을 구축하는 데 유용하게 활용했다.

로직 앱스는 Azure 클라우드에서 신용카드를 등록한 상태에서 사용할 수 있다. 비용은 인스턴스 타입에 따라 두 가지 옵션을 제공한다. 기본적으로 소정의 데이터 보존 비용이 발생한다.

형식	비용 기준
Consumption	앱에 지정된 트리거와 작업 기준의 종량제이며 4,000회 무료
Standard	클라우드 상에서 리소스를 삭제할 때까지 계속 시간당 비용 발생
2가지 모두 데이터 보존을 위한 스토리지 비용이 발생(0.12GB/월, 2023년 3월 기준)	

이번 절에서는 로직 앱스를 이용해 구현한 사례를 소개한다. 유튜브 영상(절 도입부 QR 코드)에서 디자인 작업과 테스트를 수행하는 영상을 참고해 보자. Http Request(Post) 호출을 받으면 자동화되는 흐름이며, 7장 방문자 등록 시스템에서 사용한 셰어포인트 리스트를 활용한다.

상세 흐름은 다음과 같다. Http Request 호출할 때 신규 방문자 정보를 JSON으로 함께 전달한다. 이 정보를 셰어포인트 리스트에 저장하고 처리 결과를 메일로 발송한다.

별도 서버 구성 작업 없이 로직 앱스가 제공하는 HTTP POST URL을 그대로 사용하여 데이터를 호출 받을 수 있도록 세팅할 수 있고 호출 이후 수행하는 동작은 작업 방식과 같은 방법으로 매우 빠르게 구현할 수 있다.

프로세스 마이닝과 프로세스 어드바이저

프로세스 어드바이저(Process Advisor)는 MS 파워 플랫폼에서 제공하는 프로세스 마이닝 솔루션이다. 먼저, 프로세스 마이닝을 알아보고 프로세스 어드바이저를 살펴본다. 프로세스 마이닝은 분석 대상 시스템의 이벤트 로그를 시각화하여 프로세스를 발견하는 것이다.

프로세스 마이닝에 사용되는 이벤트 로그의 주요 속성값은 이벤트케이스, 타임스탬프, 액티비티이다. 프로세스 마이닝으로 얻을 수 있는 가장 큰 효과는 프로세스의 리드타임을 줄여 조직의 효율성을 극대화하는 것이다. 프로세스의 성과 측정과 비효율적인 재작업, 프로세스의 복잡성을 발견하여 개선 기회를 얻을 수 있으며 이후 조직의 프로세스 개선 활동을 수행하여 목표를 달성할 수 있도록 돕는다.

RPA를 도입 후 확산과 고도화하는 전략으로도 프로세스 마이닝이 활용된다. 예를 들면, 프로세스 마이닝으로 프로세스를 확인한 결과, 시스템 내에서 반복되는 조회 작업이 발견되었다. 이때, 시스템 개선 방법과 RPA 적용 방법을 함께 검토하였고, RPA를 적용하는 것이 적합하다고 판단하여 자동화 후보 업무로 도출했다. 이후 RPA 전문가 조직이 자동화 후보 업무를 접수 받고 프로세스 마이닝 대시보드 정보를 검토 후 RPA 설계에 반영하여 효율적인 자동화 업무를 구축하였다. 구축 이후에는 RPA를 일정기간 운영하고 프로세스 마이닝 시각화 결과를 재확인하여, As-Is, To-Be 프로세스 성과 측정을 하였다.

MS는 2021년 말, 고객의 비즈니스 프로세스 최적화를 지원하기 위해 프로세스 마이닝 업체 Minit을 인수하였고 2023년 3월 현재, 파워 오토메이트에서 프리뷰로 프로세스 어드바이저를 활용할 수 있으며 크게 세 가지의 방법으로 사용할 수 있다.

첫째, 준비된 이벤트 로그 데이터를 이용하거나 추출하여 프로세스를 분석할 수 있다. 데이터의 형태는 기본적으로 프로세스 마이닝에서 많이 사용하는 CSV, XML 포맷 외에도 JSON, 셰어포인트 폴더, MS액세스, MS SQL 데이터베이스 등에 연결하여 데이터를 추출할 수 있다.

프로세스 어드바이저에서 데이터로 새 프로세스를 만드는 절차와 분석 데이터로 지원가능한 포맷을 살펴보자. 분석 대상 로그가 준비되었다면, '파워 오토메이트' → '프로세스 어드바이저' → '새 프로세스 만들기'를 클릭한다.

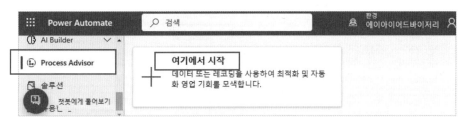

①프로세스 이름을 입력하고 ②프로세스를 만들 방식은 [데이터]를 선택한 다음 ③ [만들기]를 클릭한다. 이후 데이터 원본 포맷을 선택할 수 있다. 다양한 데이터 포맷과 데이터베이스의 연결을 지원하는 것을 확인할 수 있다.

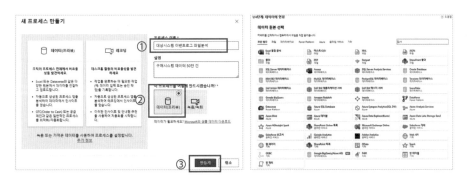

둘째, 업무 담당자가 실제 업무를 수행하는 것을 녹화하여 분석할 수 있다. 본 작업을

위해서는 파워 오토메이트 데스크톱과 프로세스 어드바이저 데스크톱을 설치해야 한다. 설치가 준비되면 ①'새 프로세스 만들기'에서 프로세스 이름을 입력하고 ②[녹음/녹화]를 선택하여 ③[만들기]를 클릭한다.

업무 녹화는 파워 오토메이트 데스크톱의 자동 스크립트 생성 기능인 레코더 기능과 동일한 방법으로 진행한다. ④분석을 위해서는 두 번 이상의 활동을 녹화해야 하며, 이때의 활동은 레코딩을 모두 마치고 사용자가 레코딩 기록들을 직접 묶어 지정해야 한다. 다음 화면은 구글 검색, 트위터 검색으로 스텝들을 활동으로 묶어 지정한 화면이다. 녹화 후 활동으로 묶어주는 과정을 여러 번 수행한 뒤 이를 토대로 분석할 수 있다.

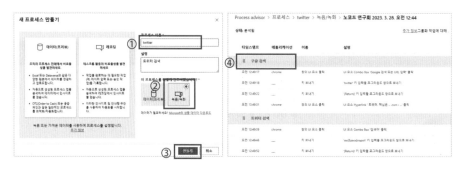

셋째, 파워 오토메이트로 흐름을 작성하여 수행했던 기록을 이용해 프로세스를 분석할 수 있다. 다음 그림은 방문자 등록 관리 시스템 프로세스를 분석하여 자동 생성된 화면이며, 승인에 가장 많은 시간이 소요된 것을 즉시 확인할 수 있다. 오른쪽 대시보드는 샘플로 제공되는 재무 프로세스이다. BI와 같이, 화면을 설정하여 관심 있는 KPI 시각화 정보를 즉시 확인할 수 있도록 대시보드를 구성할 수도 있다.

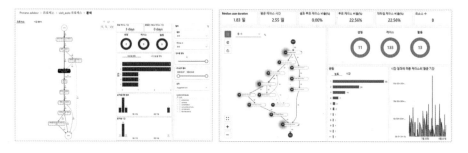

부록
4

파워 플랫폼과 SAP연동하기(Odata)

OData는 'Open Data Protocol'의 약어이다. 프로토콜(Protocol)은 모두가 지켜야 할 일종의 규칙이라는 뜻이다. OData는 개방형 표준으로 애플리케이션, 프로그램, 소프트웨어, 장치에 상관없이 SAP에 HTTP 프로토콜로 연결할 수 있고 데이터를 XML이나 JSON 형식으로 주고받을 수 있다. 이 프로토콜은 HTTP 기반이기 때문에 HTTP를 지원한다면 어떠한 프로그래밍 언어나 사용할 수 있다.

Odata의 장점은 브라우저나 다른 플랫폼에서 출력 데이터를 볼 수 있고 데이터 액세스가 매우 쉽고 비교적 빠르다는 것이다. CRUDQ(GET, PUT, POST, DELETE, QUERY)와 같은 웹 프로토콜의 모든 표준을 사용하는 것도 큰 장점이다.

파워 플랫폼과 SAP 연동은 다음 4가지 방법을 이용할 수 있다.

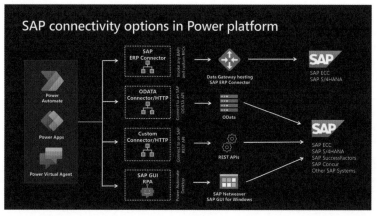

[출처 : Microsoft]

SAP Odata는 UI5/Fiori 또는 다른 플랫폼에 SAP 데이터를 노출할 때 사용한다. 기존의 On-Premise에서 데이터를 가져오는 방식과의 차이점은 사용자가 어디서나 모든 장치에서 데이터에 액세스할 수 있도록 만들 수 있다는 것이다. OData 서비스가 없을 경우 데이터는 On-Premise로 유지되며 사용자는 데이터가 있는 곳에 직접 접근해야 한다.

SAP Gateway Demo System(ES5)을 활용해서 어떻게 파워 플랫폼과 SAP를 연동할 수 있는지 테스트할 수 있다. Gateway Demo System에 계정을 등록하려면 sap.com에 계정이 있어야 하니 미리 생성하자.

Gateway Demo System 계정을 생성했으면, SAP Gateway SAP GUI for HTML(https://sapes5.sapdevcenter.com/sap/bc/gui/sap/its/webgui)에서 로그인할 수 있다.

SAP과 연결하기 위해서 Github에 있는 Demo 소스를 기반으로 한 파워 오토메이트 사용자 지정 커넥터를 만들 수 있다.

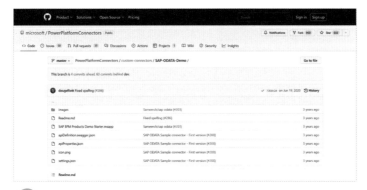

파워 플랫폼과 SAP 연동은 마이크로소프트의 가이드를 참조하여 작성하였다. https://learn.microsoft.com/en-us/events/sap-on-azure-training-videos/creating-power-app-and-using-custom-connector-to-connect-to-sap Github의 Demo 소스는 아래 링크를 참조한다.

https://github.com/microsoft/PowerPlatformConnectors/tree/master/custom-connectors/SAP-ODATA-Demo

①파워 오토메이트 → [데이터] → [사용자 지정 커넥터] → [새 사용자 지정 커넥터] → [Github에서 가져오기]를 선택하고 분기는 'dev', ②커넥터는 'SAP-ODATA-Demo'를 선택한다.

기본적으로 커넥터 생성을 위한 모든 설정은 되어있으며, [정의] 탭에서 사용자가 활용할 수 있는 동작이 구현되어 있다.

커넥터를 저장하고, 파워 오토메이트에서 테스트 흐름을 생성해서 커스텀 커넥터를 추가해 보자. Odata로 SAP 데이터에 접근해서 조회, 변경, 삭제할 수 있는 여러 동작을 활용할 수 있다. 인증과 연결에 성공하였다면 statusCode: 200과 함께 흐름이 성공한다.

앞에서 참조한 Gitbub에는 Demo를 위한 간단한 파워 앱이 첨부되어 있다. 파워 앱스에 Import 해서 생성한 파워 오토메이트 흐름과 함께 테스트해 볼 수 있다.

SAP Odata with CDS View

SAP ADT(Eclipse)나 HANA Studio로 생성한 CDS(Core Data Service) View를 활용해서 SAP Odata를 만들
수 있다.

CDS View는 기존의 ECC에서 활용한 Open SQL의 제약사항을 보완한 기능이다. CDS View는 데이터베이
스 내에서 데이터 핸들링이 가능하며, 애플리케이션에서 SQL을 수행하는 것보다 속도가 개선된 모델이다.
이로써 S/4 HANA 에서는 확장된 SQL을 활용할 수 있다. 또한, SAP Gateway를 구성할 때 CDS View를 참
조할 수 있다.

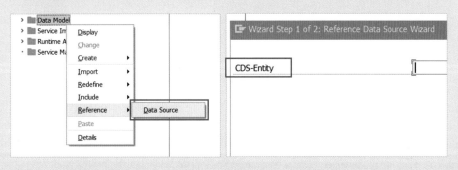

네이버 문자 발송하기

실행 영상 보기
https://youtu.be/Fa-UingBqJ0

이번 실습은 네이버 클라우드에서 SMS 발송을 위한 서비스를 신청하고 Swagger를 이용해 API 호출하는 방법으로 호출에 필요한 정보를 확인하여 파워 오토메이트에서 호출해서 문자 메시지를 발송하는 흐름을 실습한다. 실습을 위해 개인회원 가입과 신용카드를 등록한다.

실습을 진행하려면 네이버 클라우드 계정 생성과 신용카드 결제 정보 등록이 필요하다. 또한 가입 유형을 개인 회원으로 가입하여 진행한다. 문자 메시지 발송 서비스를 이용하기 위해서 발신 번호 정보를 등록해야 하는 규정이 있다. 개인 회원은 간단히 휴대폰 인증으로 가능하며, 사업자와 법인은 이용증명원을 작성하여 제출 및 검토하는 절차가 있다. 이와 같은 이유로 간단히 실습해 볼 수 있도록 개인계정으로 진행한다.

참고로, 네이버 클라우드는 2023년 4월 현재, 신규회원에게 네이버 클라우드 서비스를 무료로 이용해 볼 수 있도록 3개월간 10만 원 상당의 크레딧을 제공하고 있다.

네이버 클라우드 사용 가이드에서 가입 유형별 방법과 신용카드 등록 절차, 그리고 제공하는 서비스와 솔루션 등을 자세하게 설명하고 있다. 회원가입에 대한 안내는 사용 가이드 화면에서 메뉴를 이동해야 하며, '포털 및 콘솔>포털>회원>회원가입'에서 확인할 수 있다.

https://guide.ncloud-docs.com/docs

카드가 등록된 계정이 준비되면 이후 작업을 유튜브 영상(절 도입부 QR 코드)을 참고해 보자. 파워 오토메이트 실습 이전에 네이버 클라우드에서 문자 메시지 서비스를 신청하고 Swagger를 이용한 발송 테스트 후 파워 오토메이트 실행 과정을 확인할 수 있다. 부록의 지면에서는 Swagger 테스트 후 Swagger와 파워 오토메이트 실습 과정을 소개한다. Swagger는 API를 이용한 서비스 UI를 제공하여 간단히 테스트할 수 있도록 사용자에게 제공하는 도구이다. 복잡한 과정을 생략하고 발송을 테스트해 보도록 한다.

01 4단계까지 간단히 Swagger 화면 진입과 요청 예시를 소개한다. 자세한 절차는 실행 예시 영상을 확인한다. 네이버 클라우드의 SMS API 문서를 확인하고 'SENS SMS API Swagger' 바로가기를 클릭한다.

- https://api.ncloud-docs.com/docs/ko/ai-application-service-sens-smsv2

02 SENS SMS API Swagger 페이지 오른쪽 상단에 ①[Authorize]를 클릭하고 ②새로 나타나는 창에서 계정 정보를 설정하고 ③[Authorize]를 눌러 저장한다.

항목	비용 기준
Api Key	콘솔>서비스>Simple & Easy Notification에서 프로젝트를 생성하고 서비스 ID 값을 확인해서 이 값을 입력한다. 형태는 ncp:sms:kr:로 시작한다.
Access Key	네이버 클라우드 마이페이지에서 계정관리>인증키 관리 메뉴에서 '신규 인증키 생성' 후 'Access key ID' 값을 입력한다.
Secret Key	네이버 클라우드 마이페이지에서 계정관리>인증키 관리 메뉴에서 'Secret Key 보기' 클릭 후 나온 값을 'Secret Key'에 입력한다.

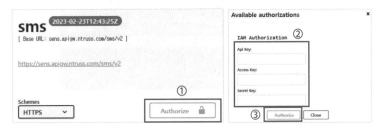

03 'POST /services/{serviceId}/messages'를 클릭하여 'SMS 메시지 발송 요청' 화면에서 SMS를 발송 요청한다. 이 중 Body의 내용은 불필요한 옵션값을 제거하고 다음 표의 예시와 같이 입력하도록 한다.

주요 입력항목	비용 기준
from	문자 메시지를 보내는 번호를 입력한다. 등록된 SMS 발신 번호로 이용한다. 네이버 클라우드 콘솔에서 Simple & Easy Notification Service > SMS > Calling Number 메뉴로 이동해서 해당 프로젝트에 발신 번호를 등록해야 한다.
content	문자 메시지 본문 내용이다. 80byte 이하로 구성한다.
to	문자 메시지를 받는 번호이다.

문자 메시지 발송 요청 Body 예시는 다음과 같다.

```
{
 "type": "SMS",
 "countryCode": "82",
 "from": "01012345678",
 "subject": "SMS-Test",
 "contentType": "COMM",
 "content": "파워 오토메이트",
 "messages": [
  {
   "subject": "파워 오토메이트",
   "content": "파워 오토메이트를 이용해 네이버문자 발송 테스트",
   "to": "01012345678"
  }
 ]
}
```

04 문자 메시지를 발송하고 나타나는 화면을 확인한다. 문자 메시지 발송이 잘 되었는지, Response body의 statusCode는 '202', statusName는 'success'가 나왔는지 확인한다.

05 파워 오토메이트에서 수동으로 Flow 트리거 흐름을 만들고 HTTP 동작을 추가한다. Swagger에서 정상 발송되었을 때의 정보를 이용하여 흐름을 구성한다.

항목	비용 기준
메서드	'POST'를 선택한다.
URI	Swagger에서 붙여 넣어 사용한다.
헤더	키와 값을 순서대로 칸에 기재한다.

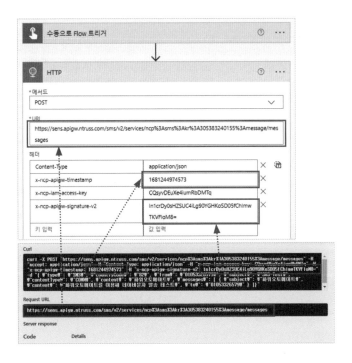

본 실습에서는 Swagger에서 생성한 정보를 활용했고, 본 정보는 5분간 유효하다. 이후에는 Swagger에서 새롭게 문자 메시지를 발송하고, Swagger가 생성한 데이터를 다시 취득하여 테스트해야 한다. 테스트를 위해 Swagger가 생성한 데이터를 다시 취득해야 하는 이유는 문자 발송을 위한 API 호출에는 문자발송을 네이버 클라우드에 요청하는 시점의 유닉스시간 정보가 필요한데, 이 시간 정보가 네이버 클라우드의 서버 시간과 5분 이상 차이가 나면 실행되지 않게 되어있기 때문이다.

　본 네이버 문자 발송 기능을 자동화업무에 활용하기 위해서 파워 오토메이트로 자동화흐름을 구현하기 위해서는 추가적으로 MS의 API Management 서비스를 이용해야 한다. 파워 오토메이트 흐름 내에서 API Management 서비스를 추가하고 이를 통해 네이버 클라우드에 호출을 더하는 흐름을 구성하면 된다. 단, 이 작업을 위해서는 시민 개발자 이상의 개발 지식이 필요하여 IT전문가의 지원이 필요하다.